石川臨太郎 著

資産を作るための株式投資
資産を遺《のこ》すための株式投資

余命宣告を受けた
「バリュー投資家」の人生最後の教え

Pan Rolling

まえがき

２０１８年末、私にとって予期せぬことが起こりました。

すい臓がんによる余命宣告。

今まで、お金を作ることに専念してきた私です。「さぁ、これからお金を使おう」と思った矢先の、本当に思いも寄らぬ出来事がいかに衝撃的だったか、想像に難くないと思います。

詳しくは本文（第2部）に譲りますが、いやな予感はしていました。実際に余命宣告を受けたときにはショックではありましたが、同時に、〝その日〟が来るまでにやっておきたいことが強烈に思い浮かびました。

それが本書の作成です。今まで、有料メルマガ『生涯パートナー銘柄の研究』で書きためていた原稿や、過去の拙著などの情報を組み合わせて再構成し、もう一度、私の遺言として、これから株式投資を始める、もしくはすでに始めている人たちに遺したいと考えたのです。

お釈迦様は『すべては縁によって生じ、縁によって滅す』と教えてくださっています。私も２００３年ごろ、ＮＰＯ法人イノベーターズ・フォーラムや山本潤さんとの良いご縁をいただきました。

私が末期がんで入院した後、ＮＰＯ法人イノベーターズ・フォーラムの松田さんと山本潤さんが、遠い松江市の病院まで、忙しいのに、すぐに駆け付けてくださいました。

私には子どもがいませんから、過去に出版した文章やＮＰＯ法人イノベーターズ・フォーラムで10年間書き続けてきた有料メルマガや『億の近道』の原稿の著作権については、すべてもらっていただくことになりました。


今まで書いてきた文章が命を吹き返し、世の中の投資家のお役に立つことがあればうれしいです。何よりも、そうすることで、自分の文章が世の中で生き続けることに幸せを感じました。これは私の執着でもありました。

ＮＰＯ法人イノベーターズ・フォーラムの松田さんやパンローリングの編集者で、私のすべての本の編集をやってくださった磯崎さんのご努力で、私の新しい本が出版されることになりました。すべては縁によって生じ、縁によって滅す。本当にお釈迦様の教えの通りだと感じます。


この教えは「華厳経」というお経の中にあります。華厳経の教えをもう少しご紹介します。

この世の中には３つの間違った考え方がある。

一つは、すべては運命なのだという考え方。

二つは、すべては神や仏の御業《みわざ》だという考え方。

三つは、すべては偶然であるという考え方。


そして、これらをまとめるように、お釈迦様は『すべては縁によって生じ、縁によって滅す』と教えてくださっているのです。

人と人とのご縁、人とものとのご縁というように、「自分と自分のまわりにいる人やものたちは、縁あって必然的に結ばれてきた」ということだと思っています。

このご縁を大切に、できるだけ長く、大切な一日一日を充実して生きながらえたいと思っています。

石川臨太郎

本書の構成

本書は、次の3つの話から構成されています。

第1部　資産を作るための株式投資
第2部　資産を残すための株式投資（資産運用）
第3部　これからの世代に書き残しておきたいこと

第1部では、石川臨太郎さんの中長期目線でのバリュー投資のやり方を紹介しています。話の中心は、ずっと付き合っていけるような銘柄の選び方になっています。すなわち、**「生涯パートナー銘柄」**の選び方についての話とも言えます。

すぐに結果の出る短期投資は確かに人気で、「長期間、資産を市場にさらしたくない」という人にとっては、それもひとつの方法です。その一方で、企業の潜在能力をじっくり研究して投資する中長期投資もひとつの方法です。

例えば、短期投資をやりながら、中長期目線でじっくり投資していくやり方も試してみたいなど、「時間を味方にする投資スタイルも何らかの形で取り入れたい」と思っていた人には参考になると思います。

第2部は、作ってきた資産を上手に遺すための話です。世界トップ企業に投資することで、（言葉は悪いですが）そのまま持ちっぱなしでも問題ないような「遺す投資法」の紹介のほか、保険に入ることの重要性、遺言の書き方などについても書いています。遺す方法（＝遺すための資産運用）という意味で、株式投資以外の話も総合的に入れているため「株式投資（資産運用）」としています。

第3部は、著者である石川臨太郎さんが株式投資をすることでたどり着いた「書き残しておきたい（伝えておきたい）」と思った話を紹介しています。机の上だけで完結するのが勉強ではありません。石川臨太郎さんの経験から生まれた話を読んで、いろいろ考えてみてください。出てくる意見は人それぞれだと思いますが、そのどれもが正解だと信じます。

本書が「なぜ、遺言なのか」は最後まで読むとわかります。それでは、本書をお楽しみください。

パンローリング　編集部

第1部 資産を作るための株式投資編

第1章 株式投資をする前に知っておくべきこと

第2章　中長期のバリュー投資で資産を作る

第3章　株式投資で儲けた利益のシフト先を考える

第2部　遺すための株式投資（資産運用）編

第3部

これからの世代に書き残しておきたいこと

第1章　これからの投資家たちへの遺言　～ここまでのまとめ～

コラム

第2章 株式投資は簡単ではないけど素晴らしい。たくさんの宝物を与えてくれる

第1部

資産を作るための株式投資編

第1部

資産を作るための株式投資編

第1章

株式投資をする前に知っておくべきこと

1 株式投資を理解するために最初に確認しておくべきこと

1 株式投資は玉乗りに似ている ～「もしも」を想定しておく～

「株式投資をやろう」と考える人たちの目標の多くは「（大きく）稼ぐ」ことにあると思います。私もそうでした。実際、「稼ぐ」ということに注目してワクワクしている人も多いでしょう。

一方で、その期待感とは別に、「損をしたらどうしよう」という恐怖心を常に味わうのも株式投資です。株式投資を経験した人の中で、恐怖を一度も感じなかったという人はいないと思います。

このように、株式投資の世界には、欲（期待）と恐怖が同時に存在していることを、まずは強く意識してください。欲と恐怖のバランスを取らないと生き残れない世界であることを覚えてください。

事実、株式投資は玉乗りと似ています。良い玉（＝銘柄）を捜して、その上に乗り、うまく転がしていくと、雪だるまのようにどんどん膨らんでいきます。

ところが、ひびが入っていたり、爆弾が仕掛けられているような玉（粉飾決算をして財務内容をごまかしているような企業）を選んでしまうと、乗り手が大けがをします。これも大切な点です。

でも、株式投資を続けてきて気づいたのですが、一番大切なのは、玉の乗り方（転がし方）のような気がしています。どんなに良い玉を見つけても、転がし方を知らないと、乗り手がこけて玉はコロコロとどこかに転がっていってしまいます。その結果、大けがをした投資家だけが残されることになるのです。

株式で儲けるためにはこの玉の乗り方（欲と恐怖のコントロール方法や損切りのルールなど）を学ぶ必要があります。

欲と恐怖の錘《おもり》を両端につけた長いさおでバランスを取りながら玉を転がしていく姿を想像してみてください。「どちらの錘が大きすぎてもバランスが取りにくい」ことは一目瞭然です。昔も今も、株価を動かす一番の要因は人間の欲と恐怖（＝人間の心理）だと思うのです。

この重圧のうえに、「毎月、絶対に株で稼がないと生活できない」という、さらに難しい課題を背負わせたら、玉から落ちてしまう可能性が高まります。そう思っただけで相場観が狂ったりします。だからこそ、生活費は株式以外の方法で確保する必要があると考えました。

もちろん、心の強い人はそんなことを考える必要はありません。ただ、私は心が弱いので、心の弱い普通の人でも株式市場で資産を作れる方法を考えてきました。

具体的に私が何をしてきたかというと、株式投資を始めた当初は、株で儲けたらワンルームマンションを購入していました（注：今は考え方を変えていますので不動産投資はお勧めしません。後述します）。儲けたお金を株式市場とは関係のないものにシフトさせて、安定的な家賃収入の流れを作っていたわけです。


不動産投資などに資金を分散せず、全資金を株に集中させておいたほうが「資産が増える可能性が高い」かもしれません。

しかし、投資資金が大きくなれば、当然、損する金額も大きくなります。例えば、ある銘柄を1万株買っていたとします。買い値から1円下がれば1万円の含み損です。仮に、投資資金を増やして、この銘柄を10万株買っていたとしたらどうでしょうか。同じ1円の値下がりでも、今度は10万円の含み損になります。1万円や10万円くらいならまだ耐えられるかもしれませんが、これが１００万円、１０００万円という話になったらどうでしょうか？　心の弱い私は、その恐怖に耐えられません。

一方、一時的に含み損が拡大しても、株式市場に関係ないところからお金が安定的に入ってくる仕組みが構築されていれば、また、保有している株がバリュー株（＝割安）で、かつ、倒産する可能性がないと信じることができれば、含み損を抱えても持ち続けることができます。

何度も申し上げますが、私は心が弱いのです。ですから、生活費を株に依存していては精神的に耐え難いと考えたわけです。実際、**株式投資を始めた当初は、サラリーマンも辞めませんでした。出世さえ考えなければ、サラリーマンほど安定的にお金が入ってくる仕組みもなかなかありません。**

もちろん、会社勤めといってもリストラもあれば、企業倒産もあり得ます。ですから、サラリーマンを辞めても安定的にキャッシュが入ってくる仕組みを維持する目的で、株で稼いだお金の一部を使って、現金で中古ワンルームマンションを買い増ししていたのです。つまり「株式市場で安心して資産を増やすための中古ワンルームマンション投資」という位置づけだったのです。失敗しても大丈夫なようにセーフティネット（命綱）を張り巡らせたわけです。

ワンルームマンションの購入のほかにも、安心して失敗できる仕組みはあります。どこでも換金可能な金（ゴールド）を購入しておくとか、つぶれることのない国債を買っておくことなどが、それに当てはまります。

2　株式投資は悪路を走るドライブに似ている

実際に株式投資を始めていくと、自分の思惑とは違った動きに、何度も何度も遭遇することになります。このことは覚悟しておいてください。

想定外のことが起こったとしても、一度や二度くらいならば耐えられるかもしれませんが、もしも連続で自分の期待を裏切るようなことが起こったとしたら、どうでしょうか。毎日を心穏やかに過ごすことは難しいと思います。「幸せ」になるために始めた株式投資で、毎日が不幸になってしまうとしたら、それはあまりにも残酷です。

さらにまずいことに、期待を裏切られ、冷静な判断力を失った状況で、投資における選択をさらに何度も間違い続けると、ついには不毛な決断しか残されていない状況にまで追い込まれてしまいます。

例えば、山道で、崖崩れが発生し岩が落ちてきたときに、崖から落とされるか、岩に押しつぶされるかの2択だけしかないとしたらどうでしょう。どちらを選択しても不毛です。

株式投資を実践していくのは、舗装されていない悪路を車で走るのと同じようなリスクが伴います。アップダウンが激しく、崖崩れや落石もときどき起こるような〝舗装されていない変化に富んだ悪路〟

ではあるけれども、目的地にたどり着けば、大きなお宝の山が待っているという〝素晴らしい黄金道路〟でもある。これが株式投資という名の道です。だからこそ、なるべく安全に運行し、完走するための技術を身につける必要があるのです。

株式市場という道では、路肩が崩れていることも多々あります。「道だと思っていたら、実は道ではなく積もり積もって固まった雪だった」ということもあります。


知り合いの登山家と話していたとき、冬山の怖さを教えていただきました。風に吹き寄せられた雪塊が何もない空間の上に、あたかも大地のように姿を現していることがあるそうです。

あるとき雪山を歩いていたときに「ピシッ」という音を聞いた彼は、とっさに右に1メートルほど「ピョン」と飛んだそうです。前を見ると、先行していた同伴者もピョンと右横に飛んでいたようです。そして、次の瞬間、今まで道だと思い歩いていたところにぽっかり空間ができたのだと……。

数十メートル、何もない空間。道が消えうせ、しばらくして、下のほうでドカーンというダイナマイトが爆発するような大きな音を聞いたそうです。前方にいる同伴者の腰がヘナヘナヘナと崩れ落ちているところを目にしながら。


なぜ、この話を紹介したかというと、株式投資というのは、緊急事態にいかに対処するかで決着がつく（＝成果が決まる）ものだと考えているからです。自分が想定しなかった相場環境とか、ミスター・

マーケット［＝すべての投資家（市場）の総意］の動きとか、緊急事態にいかに対処するか。その対応策いかんで勝負の決着が左右されるものだと、私は考えています。
身の丈に合った投資をしているうちは、比較的冷静に対処できるかもしれません。しかし、自分の経済的実力を超えた株式投資をしているときに突発事故が起こると、選択肢として不毛なものしか残っていないようなところに追い込まれる可能性が高くなります。無理な株式投資をしていたがゆえに、いつも以上に精神的に追い詰められてしまい、冷静に対処できなくなるからです。

私たち投資家は、落石が起こったときに、安全な場所にきちんと避難できるようでなければなりません。危険なときにはスピードを落とす判断を普通に選択できるような精神状態にしておくことが重要なことだと、私は日ごろから考えています。
そのためには、普段から、不毛な選択肢しか残されていない状況に追い詰められることがないように、リスクの管理を行っていくこと（つまり、自分の投資ルールを決めて、きちんと守っていくことなど）が求められます。リスクをしっかり管理することができれば、このような不毛な決断を迫られるような最悪な事態に追い込まれることを避けることが可能になります。

詰まるところ、株式投資でいうところのリスク管理というのは「不毛な決断を迫られるような状況に追い込まれる可能性を普段から検討していて、そのリスクを事前に回避する」ということなのです。

「休むも相場」ということで、嵐の襲ってきたときにはドライブを休止する。ドライブをするにしても
スピードを落として走る。このような決断をすることが大事なのです。

❷ 株価は企業の本質的価値に需給という光が差してできた影

1 株価とは何か

株式市場で毎日変動する株価とは何か。この大事なことを多くの投資家は考えずに投資しています。多くの投資家は「株価とは企業の価値そのものだ」と勘違いしているようにも見えます。株価だけを追いかけて下げたと言っては嘆き、上げたと言っては喜ぶ……。

投資家ではなく、ほとんどの人は丁半バクチ打ち、ギャンブラーになってしまったような印象を受けます。

実は、私も人のことは笑えません。丁半バクチを打ち続けてきたことがありますから、人様を批判できる立場ではありません。

だからこそ、あえて申し上げます。少し頭を冷やして考えたらわかるはずですが、企業の本当の価値が毎分毎分変わることなどありえないのです。

でも、実際はどうかというと、半年で2倍の株価になることもあれば、2分の1の株価になってしまうこともあります。ひどい場合は1年で10分の1になってしまった企業の株価さえありました。倒産した企業ではありません。同じような業績を上げているのに、人気だけで株価が暴騰することもあれば、暴落することもよく起こるのです。

その時々の市場の環境や経済、政治のほか、地震などの自然災害や、テロや戦争などの人災でも、株価は常に動いていきます。トヨタのような超優良企業の株でも、半年で20%や30%上下に変動することは、当たり前のように起こります。


株価が企業の『本質的な価値（＝本当の価値）である』とは、ほとんどの投資家は考えていないと思います。

企業の本質的価値は、実は誰にもわかりません。しかし誰も知らない企業の本質的価値を、いろいろな分析手法で分析したうえで、自分にとっての、その企業の本質的価値は一株いくらくらいという皮算用をします。

私のようにバリュー株に投資する人々は、自分の計算した本質的価値より実際に市場で取引されている株価が安いと考えたときに「買う」という行動に移ります。

実際、株価が企業の価値そのものだというのは大きな勘違いです。仮に、誰かが本気で、ある企業を買収しようとしているといううわさが流れたとしましょう。当然、注目されますから株価は吹き上がってしまうと思います。実際にそんな企業がたくさんあります。でも、買収に失敗したとなったら株価は下がってしまいます。〝ある企業〟の業績自体は変わりません。単純に**人気だけで株価が大きく動く**のです。

さて、それでは株価というのは何なのでしょうか。「株価というのは企業の本質的価値の影だ」と私は考えています。

それではその影（＝株価）を作る光とは何でしょうか。それは需給だと思っています。そう考えると株価が毎日変動することも、短期間に何倍にもなったり、何分の1になったりすることもよくわかります。

株価を分析する手法のひとつとして、ファンダメンタルズ分析があります。ファンダメンタルズ分析は企業の本質的価値を分析しようとするものです。株価は企業の本質的価値の影だという考え方からいえば、その影の元である企業の本質的価値が大きくなれば同じ光（＝需給）でも影が大きくなりますから、分析する価値もあるということになります。

しかし、ファンダメンタルズ分析に基づく投資が報われない時代もあります。

ファンダメンタルズ分析では光（＝需給）の状況を加味していない、つまり、投資環境や需給動向などの判断は行っていないので、企業の本質的な価値が高くても株価がちっとも上がらないということは

◆影（株価）は伸び縮みする

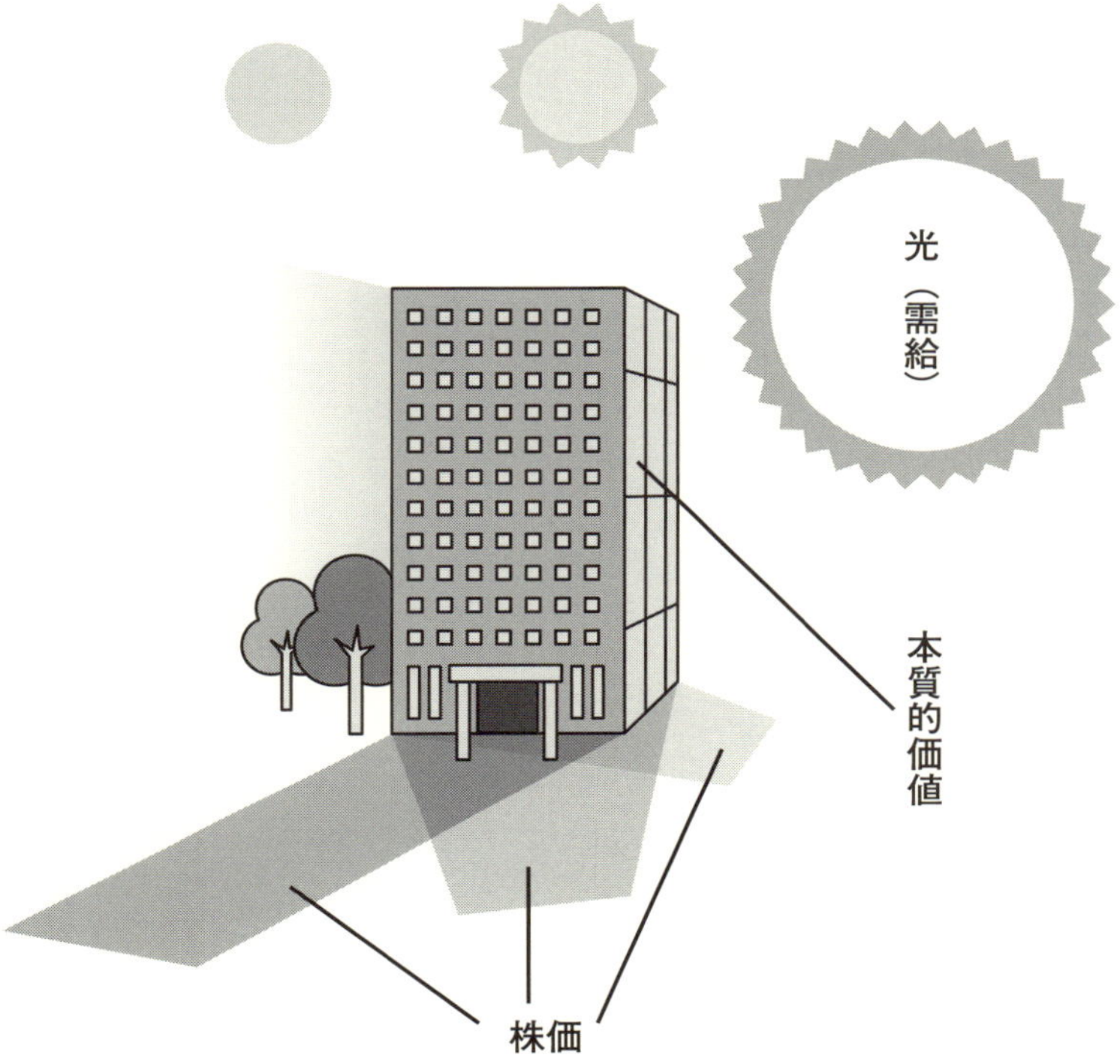

光（需給）の当たり方や強さによって影（株価）は伸び縮みする。私たちは影に注目しがちだが、本来見るべきものは建物（企業の本質的価値）のほうである

よく起こります。

この原稿を改めて書き直している２０１８年12月現在の日本株は、トランプ大統領の独断と偏見にみちた政策の影響を受け、投資環境が著しく悪化しているため、需給（＝光）が急速に弱くなっています。影（＝株価）がみるみる小さくなってしまう状況だと考えています。

２　本当の価値（業績）と株価は一致しない

『会社四季報』を見ても、その企業の一株利益と株価がまったく連動していないことはよくあります。一株利益が少なかったときよりも、一株利益が大きくなったときのほうが安い株価になることもよく起こります。

「業績」と「株価」は必ずしも一致しない理由は光の強さ（＝需給）にあると、私は考えています。

企業は利益を上げるために、日々努力を続けていますし、進化しています。事実、設備投資や研究開発を進めています。

しかし、予想したような利益が上がることもあれば、損失を受けて、事業撤退を余儀なくされることもあるのです。

外から見ているだけでは、企業が何を目指しているか、正確には絶対にわかりません。外部からわかってしまったらライバル企業の餌食にもなりかねないですからね。

また、業績などに関しては、実際に企業を経営している経営者にとっても「1年間の利益がいくらになるか」を、正確に予想することはできないでしょう。

要するに、誰がどうやっても、残念ながら企業の本質的価値はわからないのです。

もちろん、現実には、（株価ばかりではなく）企業の本質的価値も変動してはいます。でも、株価のように短期に急激に変わることは少ないです。

企業が所有している現金や預金、上場している企業の株や国債などの投資有価証券の金額。山林などではなく、東京や大阪など大都会の中心部にある土地などの価格は、公開されている資料を丹念に調べれば、計算することができます。

細かく調べようとすると、それなりに手間がかかることは事実です。しかし、経営者にも、誰にも予測できない企業の将来の業績を予測するよりは楽ですし、確実性が高いです。

投資環境が悪化したときは、企業のファンダメンタルズ分析を重視しつつ、需給もしっかりと観察して、より安く投資できるタイミングを見極めるように、待つ努力をすることも大事です。我慢が本当に大事になります。

企業の本当の価値も、実は、正確には評価できません。なぜなら、その企業が持っている資産のほか、稼ぎ続けていれば、現在進行形で利益は増え続けている（＝変化している）からです。しかし、正確な数値はわからないとしても、価値があることはわかっています。

少なくとも、**決算短信や有価証券報告書をしっかりと読んで、その企業の事業の状況や資産の存在を信じることができれば、株価が下がる（＝影が小さくなる）ことに怯えて、投げ売りするような愚かなことをやらずに済みます。**これが、株で資産を増やしていくためには大事なことだと考えています。

3 株価はなぜリアルな価値から歪むのか

1　株価はなぜ動くのか

株式市場には、株式会社が事業遂行のための資金を調達するという機能があります。株式を発行し、これを投資家に買ってもらうことで事業資金を調達するわけです。

投資家が投資した資金は企業の自己資金となります。借入のように貸主に返す必要はありません。

しかし、株にいったん投資した後、「投資したお金を別なことに使う必要ができたのに返してもらえない」ということでは、投資家は投資に二の足を踏んでしまいます。そこで、株に投資した資金を他の用途に使いたくなったときには、別の投資家に株を売って、投資した資金を回収する場所が必要になります。その役目を果たしているのが株式市場です。

株式市場では多くの企業の株が売買されています。その売買を活発にさせる大切な仕組みが「株価の変動をうまく利用して売買できれば、一攫千金を狙えるかもしれない」という射幸心です。

株式市場を成り立たせる仕組みとして、「人間の欲望と恐怖」を原因に株価が動きます。その株価が上下に動くことが、投資家の資金を株式市場に呼び寄せる魅力（＝すなわちエサ）として機能していること、そして、そういう仕組みで作られているゲームが株式市場であることを理解しておくとわかりやすいと思っています。

株価が右肩上がりに上がり続け、下がることがないならば、そんな株を売ろうという人はいないでしょう。よほどお金が必要な人以外は売りません。ただし、そうなると、その株を買いたい人がいても買えません。

では、下がり続ける株を買う人はいるでしょうか。損をすることがわかりきっている株を買おうという人も、普通はいないと思います。

株価が上下に変動しているからこそ（＝変化しているからこそ）、「もっと上がるかもしれないから買おう」という投資家や、「いやいや、これからは下がる可能性のほうが高いから売っておこう」という投資家が生まれます。

このように、株価が変動することで意見の異なる投資家が出てくるからこそ市場で売買が成立します。それが、「いつでも現金に換金できる」という安心感を投資家に与えているのです。

もちろん、このように理解しても、どの株が上がり、どの株が下がるかということ自体には、まったく関係がありません。しかし、株価が上にも下にも動かない出来高の少ない株には投資家の資金があまり回ってこない理由は理解できるはずです。

つまり、上がらない、上がりそうにない企業の株に投資する投資家は少ないということなのです。どんなに低PER、かつ、低PBR、かつ、自己資本比率が高く業績が安定的に推移している銘柄でも、株価が上がらない理由が〝そこ〟にあります。投資家にこの企業に投資したいという欲望を持たせるための理由が少ないのです。だから、このような銘柄の株を大量に買って、『なんでこれほど条件が良い企業の株が、これほどまでに上がらないのだ』と嘆いてもしょうがないのです。

2　株価はなぜ『企業が持っているリアルな価値』から大きく歪むのか

企業の姿は『その企業が持っているリアルな価値』とは大きく乖離した『株価』というバーチャルで歪んだ数字に形を変え、証券取引所のボードの上に表示されます。

多くの投資家はパソコンの画面に映し出された株価というバーチャルで動き続けている『企業のリアルな価値の影』を追うことで利益を掴もうとしてあがきます。

私は、『企業のリアルな価値（＝本質的な企業価値）』というのは、その企業が過去の利益を蓄積してきてすでに持っている『企業の資産価値』と、その企業が事業を行うことで将来にわたって稼ぎ続ける収益力の総和、つまり『企業の事業価値』を合計したものだと考えています（詳しくは第1部第2章で解説します）。

企業のリアルな価値＝企業の資産価値＋企業の事業価値

この『企業のリアルな価値』は、投資家のその企業に投資したいという需要（＝光）によって、マーケットのボードに『バーチャルな影（＝株価）』として写し出されます。

ただし、その影（＝株価）は、歪んで写し出されることがほとんどです。光（＝需要）が強ければ大きく歪み、光（＝需要）が弱ければ小さく歪みます。

なぜでしょうか。それは『株価』というバーチャルな影は、欲と恐怖でいびつに磨かれたミスター・

マーケットという名の〝プリズム〟を通過するからです。

その歪みを補正して『企業のリアルな価値』を予想するためには、事業内容や資産背景を把握しておくことが重要になると考えて、日々、私は努力しています。

例えば、私は特定の企業群（200社程度の企業）の株価と業績の推移を数年間ウォッチし続けています。

あるときは、私が『企業のリアルな価値』だと考えていた数字から、どう考えても割安すぎるところまで株価が下がっていたのに、さらに売り込まれて下がることもよくありました。半値八掛け以上に下げる株が多く出ました。「株式投資は人間の欲望を変数として機能している制度であり、『わずかな入力（投資家の欲と恐怖に駆られた投資行動）の変化』が『劇的な出力（投資の損益）の変化』に帰結するものである」ということを、いやというほど実感させられました。


このように、業績自体にはまったく問題がないのに暴落した企業は多いです。


繰り返しになりますが、あえて言います。株価はその企業に投資したい（＝買いたい）という投資家の需要という光が差すことによってマーケットの上に写し出された『バーチャルな影のようなもの』です。その影は、投資家の欲と恐怖が作り出したプリズムを通過することで大きく歪みます。

証券取引所のボード上で、1秒以下のスピードで変化していきます。光（＝投資家の買いたいという

◆欲や恐怖によって歪む（増幅される）

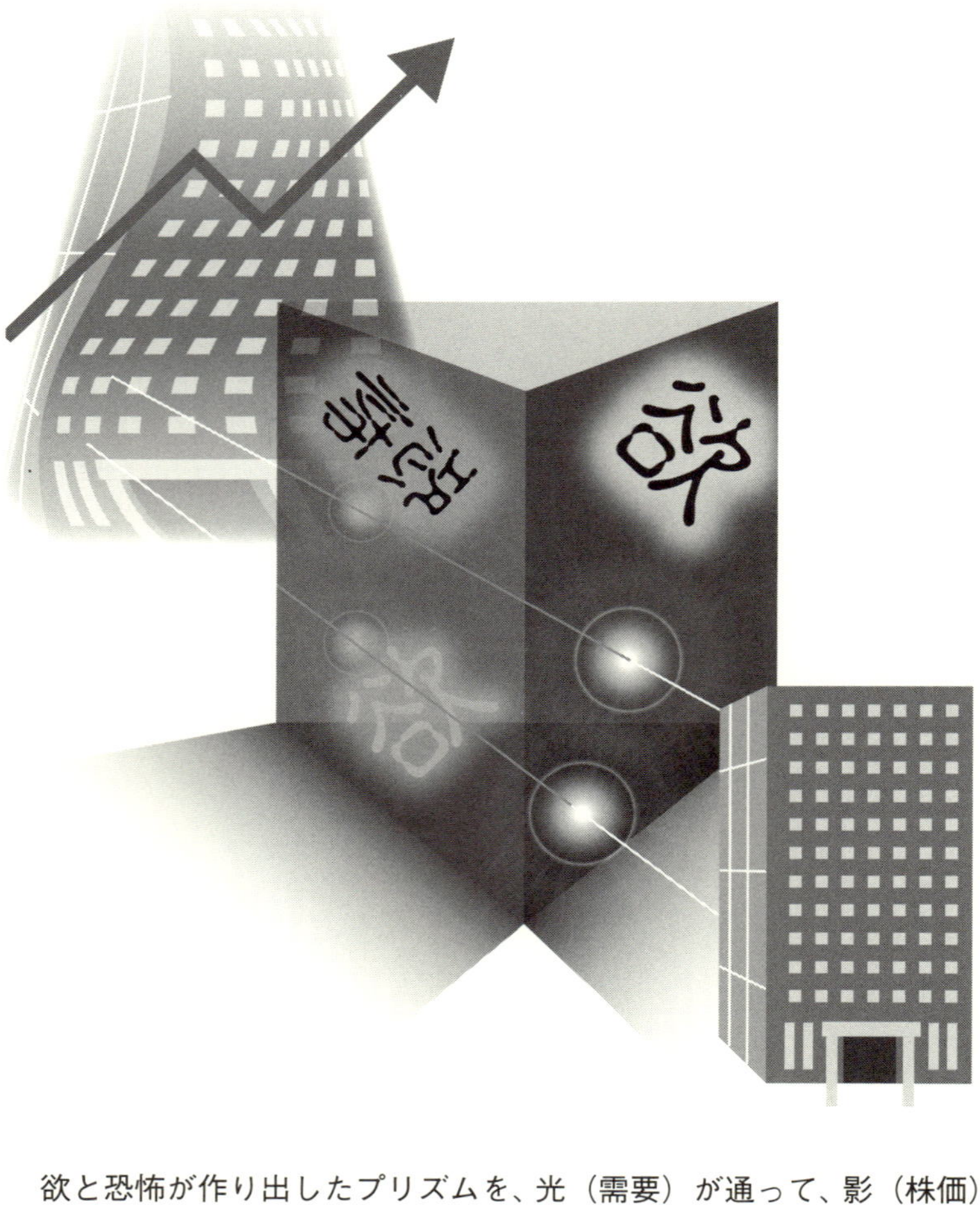

欲と恐怖が作り出したプリズムを、光（需要）が通って、影（株価）ができる

需要）がなければ影（＝株価）はできません。

しかし、実社会に存在する『企業のリアルな価値』は、影（＝株価）の大きさとは関係なく、実在していることを忘れるべきではありません。

実社会に確かに存在する大きなビルや橋、巨大な池や山といったリアルなものでも、太陽の光が届かない夜の暗黒の中では、その大きさを肉眼でとらえることはできません。

ただ、真っ暗闇の中で巨大なビルが見えなかったとしても、「ビルが存在していない」と思う人はいないと思います。


根本的にはその話と同じことなのに、株価の話になると違ってきます。マーケットのボードに写る株価が小さいと、多くの投資家は『企業のリアルな価値』も小さくなったと勘違いしているように思われます。先述したように、影の大きさが変わっただけで、企業の本質的な価値は変わっていないのです。

もちろん、株をキャッシュに替えるためには、ボードに写し出された株価、すなわち買いたい投資家の買いたい価格（＝需要）で手放すしかありませんが、それは手放さなければならない理由があるときだけです。

とおかく、手放さなければならない理由がないならば、持ち続ければよいのです。「株価と企業の価値は同じだ」という勘違いをしないことが大事だと考えています。

デイトレードでは、株のトレード（＝短期売買）というのは、儲けを追い求める狩りのようなものです。ボードの数字が上がったら（＝捕らえたときの株価から上昇したら）、すぐに手放して、キャッシュに替える必要があります。

しかし、企業の価値に投資して買い持ちするという投資スタイルであるならば、大嵐が来て需要が消えた途端に持ち株を手放すのはバカらしい愚かな行為と言えます。

企業に投資するスタイルならば、企業のファンダメンタルズを調べて、自分で把握しておくことが必要だと考えて、私はそれを実践しています。だから、２０１８年のような、日本の株式市場を吹き荒れる嵐のときはチャンスだと考えることにしています。

4 一生涯の安心を目指すなら「絶対不敗」の株式投資が必要

若いうちは、気力も体力も充実しているので、踏ん張りがききます。ですから、株式投資も「資産を作る」ということに意識の大半を傾けてもよいと思います。

でも、残念ながら、人は年を重ねます。50歳、60歳という具合に年配の領域に入ってくると、若いときには簡単にできていたことでも、次第に難しくなってきます。特に、私のように体調を崩してしまうと、思うように株式投資に集中することもできなくなります。

「そのときが来たら考えればいい」と思っていると、私のように対応が遅れます。できれば、資産を作る段階から遺すことも視野に入れておいたほうがよいと考えています。

本書では、資産を作ることに加え、資産を上手に遺すことも大事なテーマのひとつだと考えています。ですから、必ず訪れる「老後」を見据えた株式投資の話も、ここで紹介しておこうと思います。

1 『老後資金の達人』たらんと欲すれば、絶対不敗の株式投資がふさわしい

私がサラリーマンを卒業してから9年目に突入したころ、お給料という安定収入はなくなっていたので、賃貸不動産の家賃収入と株の配当をメインに生活費を確保してきました。

60歳になったときには、株で大きく稼げたときに一括前払いしていた私設年金や企業年金などが家計に入ってくるようになりました。

ただ、家賃収入だけでは生活費が不足していたので、その不足分は株の配当を当てにしなければならないという事情もありました。そこで、収入額が読みやすい配当や優待という「インカム・ゲイン」にフォーカスした株式投資を実践してきました。


サラリーマンを卒業した時点でも、株に投資している資金はすべて株で稼いだものだけになっていました。

もともと、お給料など自分が働いて得た資金を元手に株式投資をスタートして、その株の売却益や配当を、再度、株式投資につぎ込んで運用益を増やしていました。そうやって株を売って作った資金で賃貸不動産を現金購入したり、自宅を購入する頭金に使ったりしているうちに、株式投資に投下した労働収入などの元金はすべて株の外に出てしまいました。その結果、株式投資用の運用資金はすべて、株で稼いだものとなっていました。

◆資金シフト（絶対不敗）のイメージ

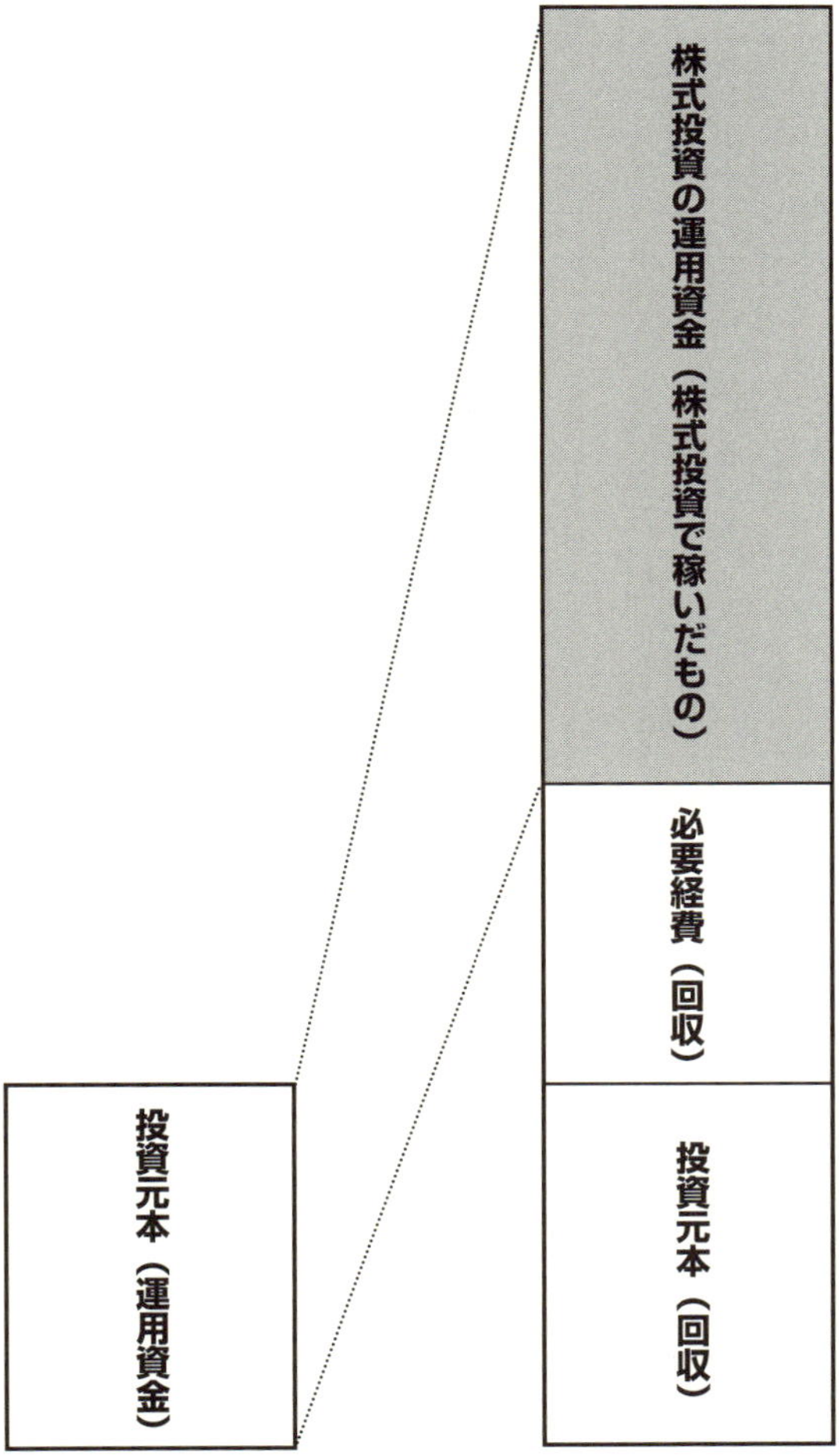

投資元本や不動産の購入資金などは回収済みのため、現在の運用資金は完全に株式投資で増やしたものだけ。つまり、仮に現在の運用資金をすべて失うことになったとしてもプラスマイナスゼロ（引き分け）になるだけのこと

つまり、「今、投資している株がどれほど値下がりしても、私は生涯通算して株で損することはない」という**絶対不敗の状況**を作り出せていたことになります。究極の絶対不敗の株式投資というのは、このような状態を指すのでしょう。

しかし、すべての株に投資している資金がコスト・ゼロになり、株で損をすることがありえなくなった状況とはいえ、この資金が減ると困ります。この資金は私の６０歳までの生活費の源泉であり、かつ、60歳以降の老後の生活の安心と安全を保障する大切な『減らすことができない資金』であることには変わりありませんでした。

キャピタル・ゲインよりインカム・ゲインを重視した用心深い臆病者の株式投資を続けてきた結果、アベノミクスがスタートするまでは、株で資産額を大きく増やすことはできませんでした。


この間には、リーマン・ショックや東日本大震災&原発大事故など日本株を大きく下げる大ショックが襲ってきたので、私の株のポートフォリオも痛撃を受け、投資総額の40%以上が減ってしまうというダメージを被ることもありました。

しかし、「自分が生活するために必要とした資金を不動産賃貸収入との合計で着実に稼ぎ出すこと」という具体的な目標があったことで救われました。要するに、きちんと配当を出してくれる収益力のある企業に投資を継続する必要があり続けた＝株式投資を継続することができたのです。アベノミクスがスタートする前は、配当は生活費に使ってしまっていたので、大きく投資資金を増やすことはできませんでしたが、サラリーマンを卒業したときに持っていた投資資金を減らすこともありませんでした。

私にとっては投資資産額を減らさない（＝私にとって負けとはいえない）株式投資を続けてくることができたわけです。

その後、アベノミクスの恩恵を受け、２０１２年11月からは、私の株の資産も大きく増えていきます。サラリーマンを卒業した時点からの生活費ばかりではなく、新車の購入費や自宅の内外の改装費など自分が８年間に使用した資金をすべて取り返すほど、キャピタルを増加させることができました。

年金を貰えるようになったので、年金収入や家賃収入、株からの配当など自分の安定収入の安全性や安定性の再評価を行っていたとき、『ああ、そういうことだったのか……』と理解できることがありました。それは、孫子の兵法を学んでいることで閃いた気づきです。

孫子は『善く戦うものは、不敗の地に立ち而《しか》して敵の敗を失わざるなり（＝戦上手は、自軍を絶対不敗の態勢に置いて、しかも敵の隙は逃がさずとらえるのだ）』と言っています。

2　年間の生活費を資産運用で稼げれば絶対不敗とする

私にとって『株式投資で勝つ』ということは、どのような状態を指すのだろうかと考え直してみました。機関投資家はベンチマークに勝てば『勝ち』と評価してもらえます。しかし、私にとっては『ベンチマークより利益額が大きければ、投資総額が減っても勝ちである』というような勝敗の決め方は意味のない評価方法でしかありませんでした。

一番簡単なのは『昨日よりも投資額が増えていれば勝ちで、減っていたら負け』というような〝投資額の増減〟で勝ち負けを決める評価方法です。

しかし、相場商品のように、一日の中でも大きく価値が乱高下して増えたり減ったりするものを増減だけで評価することも、あまり適切で正しい評価方法とは言えないと考えました。


なぜなら、アベノミクス前の私と、アベノミクス後の私の投資資産額を比較すればわかりやすいように、「アベノミクス前の7年間では資産を減らさない代わりに増やすこともできなかったけれど、アベノミクス後の1年半では大きく資産を増加させることができた」という事実があるからです。

株のような相場商品は一瞬で資産を大きく増やせることもあるわけです。でも、そこで勝ち逃げして株式投資をやめてしまうという贅沢は、まだ私にはできません。満額で年金をいただけるようになるまでは、私にとって株式投資は生活費の不足分を稼ぐために必要不可欠な手段でありつづけます。


ここまで読んでいただいて、すでに気づかれた方もおられると思います。そうです、私が実践していたサラリーマン卒業後の株式投資とは、減らさないことに主眼を置いて、自分が設定した必要額を配当で稼ぎ出すという株式投資でした。

『資産を減らさない』ということは、『負けない』ということに読み換えることも可能です。もちろん、私にとっては減らさないだけでは生活費を確保することができないわけですから、私の株式投資の勝ち負けの基準を定義するならば『必要な生活費を確保しながら、投資総額を減らさない状態を〝勝ち〟と評価する』ことになると思います。

もちろん、株式投資では日本株が大きく下落してしまうならば、私の株への投資資産も影響を受けて減少します。

したがって、私が今まで実践してきて、これからも続けていく株式投資の勝ち負けの評価方法は『投資総額の増減は1年や2年という短期間では気にかけない。しかし1年ごとの期間で見れば、絶対に生活費として必要な金額を配当で確保することができれば負けなかった（＝勝った）と評価する』ということになると思っています。

孫子の絶対不敗にあやかって見つけた、この「必要な生活費を確保しながら、投資総額を減らさない状態」を2つ目の絶対不敗の株式投資だと考えることにしました。最初に書いたひとつ目の絶対不敗の株式投資（＝今、投資している株がどれほど値下がりしても、生涯で考えれば株で損することはない状態）こそが究極の絶対不敗の株式投資だと考えてはいます。でも、「株式投資で絶対に損をしない」ということは、すでに手にしてしまったものなので今後の目標とはなりません。それよりも、確実に必要生活費を稼いでいくという目標設定ならば、私にとっては十分に機能する目標なのです。
そして、目的とするのは『老後資金の達人』であり、さらには「資金」に限定することなく『老後の達人』になることです。
私の株式投資のキャッチフレーズを次のように考えてみました。

『老後資金の達人たらんと欲すれば絶対不敗の株式投資がふさわしい。インカム・ゲインを狙ったらおまけにキャピタル・ゲインがついてくる株式投資ってとてもおいしい』

株の勝ち負けの基準は自分で決めるものです。「1年間に使う生活費を資産運用で稼げたら勝ち」という勝敗の基準を定めれば、絶対不敗の株式投資は実現できます。インカム・ゲインはキャピタル・ゲインより計算しやすいので大勝ちできなくても負けることはまずないです。

3　絶対不敗は勝ち逃げスタイルでつかむ～年金を賢く利用して老後の安心を手にする～

ここでは**株式投資を活用して老後の安心のための資金を作るためにふさわしい投資スタイル**について

考えてみたいと思います。

私は株で大きく利益を上げることができたときに、株より資産増加のスピードが遅いと思っても、資産分散の一環として将来の収入を安定的に増やすために、株を売って資金を作り、いろいろな投資商品に資金をシフトさせてきました。

私の運用資金は、いろいろな資産を動き回っています。現時点で総括するならば、株で自宅を購入し、ワンルームマンションを買って、ゴールドも買ったことになっています。私設年金の資金の一部も株で作りました。


株式投資で大きく稼げたときに、株から資金を他の資産にシフトすることは、いわば株から『勝ち逃げする』ということです。

1885年の1月に株式投資をスタートした、新米投資家のころ、ブラック・マンデーという強烈な大暴落に遭遇しました。その後も株式市場では、100年に一度のはずの暴落が何度も起こってきたような気がします。

地球温暖化で気候が変化するように、世界中の中央銀行のマネーの大供給の影響を受けて株式相場の乱高下の波の大きさも巨大化してきて、大暴落も毎年のように発生するようになってきました。

リーマン・ショックの大暴落、東日本大震災&福島原発大事故による大暴落など、あまたの株式暴落を生き抜いてきて、自分の株式投資のスタイルを見直してみて気づいたのが『勝ち逃げスタイル』という姿でした。

株から勝ち逃げした資金をシフトさせた金や預貯金、賃貸不動産、年金という資産の中で、どの資産の安全度と安心度が高いのかについて、60歳になってから再評価を行いました。

そして、特にキャッシュを生み出して老後生活を支える資金源としての株、年金、賃貸不動産という私の3本柱の老後資金の収入源を比較して評価すると、**年金が安定度も安心度も圧倒的に優れている**という評価結果となりました。

私自身としてはやむにやまれぬ無念の選択で、副業（＝会社勤め）をやめて専業投資家という道を歩き始めたわけですが、実のところ、「60歳までサラリーマンを続けた人が、いわゆる年金長者という成功者で勝ち組だ」と私は常々考えています。

株で1億円以上の資産を作り上げた人のことを『億り人』と名付けてマネー雑誌が特集などをよく組んでいます。

しかし、**サラリーマンを60歳まで勤めあげ、厚生年金や企業年金、私設年金を積み上げてきた人のほうが、安定性でも安全性でも、ランニングコストの有利性（＝そのキャッシュを得るために永久に支払い続ける経費のこと。年金だけはランニングコストゼロです）を考えてみても、圧倒的に質の良い老後の安心のための収入源を作り上げた成功者だと思います。**まさに、年金長者といってもよいと感じています。

例えば、株で1億円作れなくても、各種年金の合わせ技で、夫婦2人で毎月40万円の年金を獲得できたならば、株で1億円稼いだことよりも大きな成果を得たことになると考えています。

1億円を現金に換えて、毎月40万円ずつ、つまり、毎年480万円ずつ使っていくと、20・8年で1億円はなくなってしまいます。

サラリーマンを60歳まで続けて厚生年金や企業年金、私設年金で、生きている間は永久に毎月40万円の年金をゲットできることになった年金長者は、株で1億円稼いだ人と比較すると60歳から81歳まで生きたらトントン。さらに長く生きたら、81歳以降は毎年480万円ずつ、株で1億円稼いだ投資家に勝っていくことになるわけです。

しかも、何のリスクも労力も伴わずというところが素晴らしいです。まさにランニングコストはゼロであり、黙っていてもキャッシュが入ってくるわけですから、圧倒的に有利です。

60歳までに株で1億円稼いだ投資家なら、60歳以降もその資金を運用して株で稼いで増やすことはできるとは思います。私も年金をフルでもらえるようになるまでは、株式投資で稼いでいく覚悟をしています。

しかし、株式投資にはリスクがつきまといます。どんなに自分が努力しようとも、世界のどこかで戦争が起こったり、テロが起きたり、自然災害が起きたりすれば、あっという間に自分の努力など吹き飛ばされてしまう可能性（＝リスク）が存在しています。毎年のように大きな暴落が起きつづけている株式市場です。株式市場というのは油断したらあっという間に資産を失いかねない経済バトルフィールドなのです。

年金といえども日本が破綻すると「もらえなくなる可能性」がないわけではありませんが、株式投資において毎年起こるような危機の頻度と比べれば、ほとんど考えなくてもよいようなリスクにすぎません。

だから、**まだ株で1億円稼げない段階だとしても、それなりに大きく稼げたときには、その中から利益の一部をキャッシュに換えて勝ち逃げさせて、私設年金などにシフトしていくのが「老後の安心を作る良い方法だ」と考えています。**

今、まだ60歳になっておらずサラリーマンを続けている方は、とにかく60歳（定年）まではサラリーマンを無事に勤め上げることに全力を尽くすことをお勧めします。

サラリーマンを60歳まで続けることができた人にとっては、株式投資などは、余技としてたしなむ程度に行えばよいものであると思います。

私のようにサラリーマンを60歳前に脱落した人間は、必死になって株式投資などの相場商品で稼ぐ努力をする必要があるのです。しかも、60歳を過ぎてからも、この努力は続けざるを得ません。

ただ、人間、考えようだと思います。好きこそものの上手なれで、株式投資を楽しみながら、株で毎年安定的に利益を上げることができたら万々歳です。

でも、相場商品での運用というのは、リスクがいつ天から舞い降りるか、地から噴き出すか予測のつかないストレスフルなビックリ箱の中で行われる戦いのゲームであることを忘れてはいけません。

株式投資というのは、そもそも人間の欲望と恐怖を変数として機能している制度です。それゆえに、わずかな入力（投資家の欲と恐怖に駆られた投資行動）の変化が劇的な出力（投資の損益）の変化を産み出してしまうのです。


何度も紹介しているように、株価というのは企業の『本質的な価値』に投資家の需給という光が差してできた『影』だと考えています。影は光が強く差すと大きくなります。ですから、株価はその企業に投資している投資家（＝すでにその株に投資している投資家と、これから買おうかと検討している投資家まで含めた）の総数の中で、その株を買いたいという需要が、その株を売りたいという供給より大きくなる、すなわち、光が強い状態になれば、当たり前のことですが影（＝株価）は大きくなります。

先述したように、別の例え話をするなら、株価の大きな歪みを作る原因のひとつに人間の欲望（＝本質を歪ませるプリズム）がある、ともいえると思います。

例えば、人間の欲望を刺激する追い風となった「年金積立金管理運用独立行政法人（ＧＰＩＦ）」の運用改革は、まさにこの人間の欲望プリズムを刺激し、株価を今までとは逆の方向で大きく歪ませることになると感じています。

だからこそ、ここで踏ん張って利益を上げて、その資金の一部を勝ち逃げさせる。こんな勝ち逃げスタイルを身につければ、誰でも着実に老後の安心が作れると思います。そのためには、第1部第2章で紹介する方法で稼ぎやすい銘柄を発掘することが必要だと考え、私は投資対象である企業の研究を日々続けています。

4 孫子の兵法に学んだ『勝ち易きに勝つのが良い株式投資』

古代中国の戦略家であった孫子に学んで、負けない投資戦略を行うことが、2018年のような株式市場で成果を上げるためには有効だと考えています。

孫子はどのような時代に戦《いくさ》に勝つための方法論を構築して実践していた戦略家だったのかをまず確認しておきます。

孫子が生きていたのは戦乱が続いて多くの国が生き残りをかけて戦争を繰り返していた時代です。

戦争においては、目先の敵以外にも、周りには隙を狙っているライバル（＝いつでも敵に変わりうる国）が多数存在していました。ですから、目先の敵との戦争の勝ち方も問われました。泥沼の消耗戦を戦い抜いて兵力も財力も底をつくようなボロボロの状態での勝利は、その後の滅亡を呼び込む意味のない勝利だったのです。このような戦争を決して行ってはならない時代を生きていました。

戦争に負けても国が滅びるし、ボロボロの勝利でも国が滅びる。だから兵力や国力を維持しつつ勝てる戦争のみを行って着実に勝つ。そんな戦略を考え抜いていた戦略家が孫子なのです。

孫子と同じように、やり直しが利かない一発勝負（＝戦いの勝敗によっては国が滅びるような可能性のある戦争＝投資の失敗によっては生活できなくなるような可能性のある株式投資）は避けるべきだと思います。すなわち、大勝ちを狙った特定の株への集中投資です。勝てば良いですが、負ければ資産を一気に減らすことになります。


株に集中投資していれば、株価が動くので、当然のごとく運用資産額は変動します。投資した銘柄が下落して、投資した時点の株価から下がった時点で売却すれば、その銘柄への投資は損となり、その銘柄への投資は敗北になります。

しかし、集中投資の真逆にある分散投資なら話は違います。一部の株が下げたとしても、それは小競り合いでの負けであり、戦局を左右するような致命的な敗北にはなりません。

孫子がいうところの敗北というのは国家の存亡を決定づけるような敗北のことを指していて、個別の戦闘行為（＝株式投資で言えば個別銘柄ごとの売買による損益）での敗北を指しているのではないと、私は考えています。

株式投資においても、大勝ちはしなくても致命的な負けはしないこと。つまり、ポートフォリオ全体での勝ち（＝資産の増加）を目指す投資を行うほうがよいのだと考えています。

特に、２０１８年のような厳しい環境のときには、孫子の兵法に学ぶ、守りを重視した負けない株式投資戦略をより有効に活用していきたいと考えていました。


また孫子が『兵は詭道《きどう》なり』（＝戦争とはしょせんだましあいに過ぎない）と喝破しているのと同じように、海外投資家、特にヘッジファンドの戦いぶりは詭道（＝だましあい）を好むように感じます。ヘッジファンドは、「株価を上下に大きく変動させて儲ける」という手段を持っています。資金力の大きさを利用して株価を上下に揺さぶって、多くの他の投資家を幻惑してきます。

ということは、しっかりと企業の業績やビジネスの状況、資産背景を調べていなければ、株価の乱高下に付和雷同させられて、結果、だましあいでばかされることになります。


景気が良くなり、企業の業績が良くなり、配当を増やすと発表している流動性の高い大型株が、ヘッジファンドなど詭道を利用する投資家の誘導で下げるなら、配当を頼りに分散でポートフォリオに積み増すことは、不敗を目指す投資家にとっては、良い投資戦略だと考えています。

もちろん、上記に述べたことは、どんな投資環境下にあっても有効な投資戦略です。しかし今とは違い、投資環境が良くなるときには、この孫氏の作戦の有効性がさらに高まってきます。

孫子の兵法のうち、『勝ち易きに勝つのが、良い戦いかた（＝投資戦略）』だと考えています。

株式投資を行うということは、株式市場というバトルフィールド（＝戦場）において、投資家にとってとても大切なお金を戦力として投入して、『資金の拡大』を最大の目的として戦争を行っていることだと思います。

そして、私たち投資家は将軍（かつ参謀）役として、株式戦争に勝つために作戦を練って、実際にお金（戦力・軍隊）を動かして戦闘行為を実行しています。

将軍が優れた戦争能力を持っていないと、どんなに戦力が大きい（＝資金量が大きい）としても、株式戦争に勝利することは難しいです。


アベノミクス相場がスタートしてから、私自身の株式投資も波瀾万丈のアップダウンを繰り返しました。２０１８年には、運用資産が前年比で大きくマイナスになるような厳しい状況も経験しました。

しかし、２０１２年からは常に前年末より運用資産を増やすことができており、特に２０１８年は十分すぎるほどのキャッシュを持って、株式投資に挑んでいたので、精神的に追いつめられるというような状況はありませんでした。

２０１７年は例外的な楽園相場でした。２０１７年を除くとアベノミクスがスタートした２０１３年以降も毎年のように1度や2度は前年の資産残高よりマイナスになってしまうほどの厳しい相場の洗礼を受けてきました。

だから2018年も1度や2度の波乱を覚悟しなければならないと考えて、株式投資にチャレンジしました。


今の株式投資は一生続けて行く遠泳のように長い時間をかけて続けるゲーム（＝戦い）です。欲張りすぎる目標を設定すると、完遂することが難しいゲーム（＝戦い）でもあります。

スイミングスクールで泳ぎを習うようになってから、いかに効率的に体力を使わずに泳ぐことで、早く楽に長く泳ぐことができるかを痛感してきました。

最初のころは、コーチからは『力を抜きなさい。やる気を出さない（＝無駄な力を入れない）で、やる気がないように今の3分の1の力で泳ぎなさい。ただし合理的に（＝効率的に正しく）手も、足も、頭も動かしなさい』と毎日のように注意を受けても、なかなか思うように泳げませんでした。

水に浮こうとすると沈んでしまい、水に潜ろうとしても浮かんでしまう。思うことと反対の結果に頭を抱えることもしばしば起こります。手の動きに気を取られると、足の動きを忘れてしまい、結果、呼吸すら忘れてしまうこともよく起こります。例えば、背泳ぎでは、口が水面より上に出ているので、いつでも呼吸することが可能です。しかし、必死で泳いでいると息をするのを忘れて、息を止めたまま25メートル泳いで顔を真っ赤にしている人が意外に多いのです。私も含め、多くのクラスメイトが同じような状況でした。

株式投資も同じようなもので、運用する投資資金が大きくなればなるほど、儲けが大きくなる、と考える投資家がいるかもしれませんが、実のところ、運用資金の大きさと儲けの額は比例しません。

投資資金が多いということは、投資したい銘柄にいつでも投資できる可能性があるということです。これは背泳ぎで口が水面上にあるので、「いつでも呼吸できる」と考えることに似ています。しかし、いつでも呼吸できると油断していると、実際に呼吸するのを忘れてしまう事態が起こります。

投資資金が大きくなると、投資したい銘柄を見つけたらいつでも投資できるようになりますが、一方で、目移りしてしまい投資判断も雑になり、利益を上げられない（＝息ができていない）ことも多くなります。

投資資金が大きくなれば、損をする金額も大きくなるという可能性も出てきます。「利益を確保しているにもかかわらず、他の投資家より利益の金額が少ないことを『無念だ』と思って欲張って無理をすることが間違いの元になることも多い」ということを、私自身、過去に何度も何度も、嫌になるほど経験してきました。

例えば、投資している銘柄が2年連続の赤字決算を発表したのに、株価が上がることもあります。「どうしてだろう」と不安に感じて利食い売りをした後も（撤退しても）、株価が上がり続けて、あっという間に私の売値の2倍以上になってしまう銘柄も時々出てきます。

昔は後悔と腹立たしさを引きずり続けましたが、最近はそんなことで精神的な打撃を受けることはほとんどなくなりました。

ここで、将軍（＝投資家）として持つべき資質について、簡単に箇条書きにしてみます（次ページ参照）。このようなことが優秀な将軍（＝投資家）としての資質になると考えています。

最後に、孫子の兵法にいうところの『いにしえのいわゆる善く戦う者は勝ち易きに勝つ者なり』ということについて、もう一度、考えてみたいと思います。

『勝ち易きに勝つ』ということは人それぞれだと思います。私にとっては何かというと、『大して努力をしないでも利益を上げられる銘柄を選んで、投資をする』ことも、株式投資でいうところの『勝ち易きに勝つ』ということになるのではないかと考えています。

～投資家として持つべき資質～

①銘柄選択眼（＝どの銘柄に投資すると株価が上がるかという投資対象を選ぶ力）
②早く大きく資金を増やしたいという自分の欲望を抑えつけて従わせることができる強い精神力（＝投資環境の良さを過信して、自分の経済的実力や運用能力を超えた信用取引など無謀な投資を行わない精神力）
③自分が決めた投資ルールを厳格に守る克己心
④厳しい投資環境や良好すぎる投資環境など、投資環境がどのように変化しても、冷静さを失わずリスクを管理するノウハウ
⑤損をして資金を失うこともあるという覚悟（＝破綻しないために、損を受け入れて投資を手仕舞うことも含む）を持っていること
⑥勝ちやすい戦場やタイミングで戦う（＝勝ち易きに勝つ）ことができる、実戦で鍛え上げてきた才覚

5　自分の欲と恐怖をコントロールできないようでは絶対不敗は実現できない

アベノミクスがスタートしてからは、年内にいくつかの波乱が起こっても、年末には順調に日本株が上昇しました。

しかし、２０１７年を除いて各年を振り返ってみると、いろいろな投資家の心を揺さぶりリスク・オフ状態を作り出すイベントが起こっていました。

株式投資では、人生ほど波乱万丈で厳しい不運が襲ってくることは少ないでしょうが、それでも投資家の心理状態を悪化させリスク・オフに追い込む事態が起こることは多いです。

多くの投資家が過去の経験から感じていると思うのですが、『今こそ投資資金を一気に増やして、大きく稼げるチャンスだ』と考えて投資を実行した『いつ買うの、今でしょうのとき（＝自分のここぞというとき）』に限って、まったく予想しなかった不運が起こって、ミスター・マーケットをリスク・オフに追い込んでしまう。そして、自分の投資も痛手を受ける。こんなことが多かったと思います。これから未来にかけても同じことが起きると予想しています。

２０１６年1月から11月までの日本の株式市場の大きな下落を見ても、トランプ大統領が決まってからの予想もしなかった大きなリバウンドを考えても、２０１２年11月からの日本株市場の大きなリバウンドを思い出しても、そう感じます。

例えば、第2次安倍政権が誕生してからの日本株の急上昇は、その少し前までの投資環境の悪さからは信じられないような強烈な上げでした。

このような事態から学べることは次のことです。

●金融情勢が悪化して、株価が大きく下落し続けても、悲観しすぎて株式投資を投げてしまっては利益を上げられない
●リスクからは逃げるものではなく、管理してリスクは取るものだ
●投資環境に一喜一憂して付和雷同してしまうのではなく、きちんと自分のリスクを管理しながら油断せず、冷静にリスクを取っておくべきだ

投資家としての基本事項であるリスク管理を習得していた人は、その時々に起こる数々の不運なイベントを乗り越えて生き残り、その後にやってきた株価の上昇で大きく利益を上げることができたはずなのです。リスク管理がきちんとできていれば、逆境は必ず乗り越えることができるものです。

投資家にとっては、「リスク・オフ状態をもたらすイベントが起こるのだから、その事態を想定して準備をし、リスクを管理して投資を実行していくこと」が必要です。

2018年のような逆境を経験していくこと、そして、逆境を乗り越えるために試行錯誤をしながら自分の投資能力を鍛えていくこと&成長させていくことが求められます。

逆境に鍛え上げられた投資家は投資勘も鋭くなり、リスクに対する耐性も強く鍛えられます。銘柄選択力も銘柄分析力も高まります。


このように、自分の投資能力を鍛えつづけた投資家は、どのような投資環境でも生き抜いて、良好な投資環境（＝リスク・オンの状況）がやってきたときには、資産をしっかりと増やすことができるのです。

不確実な未来を自分なりに想定し、過大な期待ではなく、現実的な期待を持って不運（＝逆境）を乗り越える努力をしながら、いつか必ずやってくる良い投資環境（リスク・オン）が来たときのための準備も同時に進めていくことが大事になるのです。それができるようになれば、「絶対不敗」を手にすることも可能になります。


ミスター・マーケットが世界中で起こる経済イベントにどう反応するかを予想できない以上、そして、ミスター・マーケットを自分でコントロールできない以上、ミスター・マーケットのご乱心の影響を可能な限り小さくできるような対策を準備して実行しながら、株式投資を継続していきたいと私は考えて努力をしています。

ミスター・マーケットをコントロールすることはできませんが、自分の投資行動はコントロールできるようにしておく。株式投資においては、自分の投資行動をコントロールしやすい銘柄でポートフォリオを作っていく。このような努力を積み重ねていくことで投資家としての自分の力も成長していきます。

資産を築くためには、株式投資という現代の錬金術は使い勝手の良い手段です。ただし、自分の欲をコントロールする技術なくして現代の錬金術を過大に使おうとするならば、昔の多くの錬金術師も嵌《はま》ってしまった、身を滅ぼすような目に遭わされる可能性が高くなります。この2つを絶対に忘れないようにして、管理しながらリスクを取っていくことが大切です。

自分の欲望をコントロールするということを言い換えるなら、自分の現在の収入や金融資産の状況、家庭の状況から判断して無謀な株式投資を実行しないということになります。さらに別の言い方をすると、一攫千金ばかりを考えないで、着実に利益を積み重ねていくことで満足するということでもあります。

自分の欲望をコントロールできなくて、どうして株式投資で成功することができるのでしょうか。リスクを管理する前に、自分を管理できるようにするのです。言葉を変えるなら、自分自身が一番のリスク要因だということを絶対に忘れてはいけないのです。私自身が痛感して感じている最重要事項です。私こそが私自身の株式投資にとって常に最大のリスク要因でした。

2番目に大切なことは自分の恐怖もコントロールすることです。

何度かお話ししているように、株式投資を長年続けていると、アベノミクスがスタートしてからの4年間のような良い投資環境だった期間でも、毎年のように2度や3度は「ウワ～」というくらいの株価の大きな下落を経験します。

だから、自分自身をコントロールできなくなるような大きな恐怖（⇕東日本大震災の時の原発大事故のような事態）のイベントが起こることも想定して、できるだけ自分を管理しやすい投資対象を選んでいくことも大事な投資の技術になります。

怖いという『自分の恐怖』をコントロールする技術を駆使することにより、『自分以外の多くの投資家の恐怖』によって、自分の基準に照らして暴落しすぎであれば、「インカム・ゲイン（利回り）などが自分の投資基準に達した銘柄」に節度を持った分散投資を実行していくことで、暴落の嵐が去ったときには、自分が期待した以上の運用成績を手に入れられることもよく起こります。

つまり、「自分の欲を抑制できれば、期待した利益額よりも大きな利益を得られる可能性が充分ある」と考えています。過去の大きな暴落の後には、いつでも決まったようにこんなおいしいことが必ず起こりました。

この原稿を書いている2018年12月末の相場が終了した現時点でも、現代の錬金術である株式投資をやめることは得策ではないと考えています。それでも、自分の考え通りの経済状態が実現するかどうかはわかりませんし、予想できない天災や人災が起こることも想定しておかなければならないとも考えています。

上記のことを総合的に考えると次のようになります。

●株式投資は継続する
●景気が良くなるなら、企業の業績も良くなる。そのときに、ミスター・マーケットが投資資金を振り向けてくる可能性が高い企業の株の中から、自分の思惑に反して投資環境が悪くなり投資した株の価格が下がってもホールドしやすい銘柄を選んで投資しておく

私は、不遇のときには、ローマの賢人皇帝マルクス・アウレリウスの言葉を思い出して投資もしたいし生きていきたいと思っています。

ローマの賢人皇帝マルクス・アウレリウスは『この世において汝の肉体が力尽きぬのに、魂が先に力尽きるのは恥ずべきことではないか』という言葉を残しているそうです。

株式投資も、そして人生も、七転び八起きの精神でいくしかないのだと思います。そして、自分の魂が肉体より先に力尽きることがないように、気力を温存するための強化策をコツコツと積み上げていくことが、60歳を過ぎた今こそ大事なことなのだと考えて実践しています。

ギリシャの哲学者エピクテートスは『幸福への道はただひとつしかない。意志の力でどうにもならないことは、悩まないことである』と説いていたようです。そして、エピクテートスより後の時代の多くの哲学者たちは、これを『不幸になったとき、うまくあきらめるのが一番いい。納得することだ。「不幸」を「不幸」と思わないことにすることだ』と解釈するようです。

私はそのようには考えていません。

私は、自分の力でどうにもならないことに「ぐじぐじして、腐って、自分の生を惨めにするような愚かなことはするな。今、自分のできることに全力を尽くせ。そうすれば必ず道は開ける。悩んでいる暇があったら才能を磨け」と解釈しています。

私は株式投資というのは自分の夢を達成するための手段のひとつだと考えて、若いころから取り組んできました。余命宣告を受けた今も、自分の人生の最後のコーナーを充実して生きていくための大切な手段だと考え、その日が来るまで、株式投資で利益を上げるための努力を続けていこうと思っています。

❺ 無謀な行動を避け、荒波を耐え忍び、チャンスを待つ美学

1 株式投資は出口戦略を考えて実行すべきものである

ここまで何度か紹介したように、株式投資をするときは、常に勝ち逃げできるタイミングを計りながら投資を進めていくことが必要です。

株式投資も経済戦争です。勝つこともあれば、負けることもあります。負けてしまえば目的を達成できない危険な行為です。勝算がないままで戦争を仕掛けるのは愚の骨頂ですし、必要もないのに戦争を仕掛けるのも愚かなことです。

そして、自分が株式投資という戦争で目指した目的を達成できたら、行う必要のなくなった株式戦争はやめることが大事です。つまり、負けて退場するのではなく、勝って逃げるということです。

戦争の目的を達成して勝ち逃げを狙う以上、その目的を達成するためにはまず「戦略」が大事で、次に「戦術」が必要で、最後に戦争目的を達成したときの出口戦略が大事だということは、私たち個人投

資家が行う株式投資（＝経済戦争）においても、国家間や企業間の戦争とまったく同じだと考えています。

株式投資をする人が株式投資を行う目的は、資金を増やすことだと思います。もう少し具体的に言うならば、株式投資などの運用で作った資金を利用して豊かな一生を送ること、資金的な不安を持たずに安心して一生豊かな生活をエンジョイすることではないか、と私は考えています。

しかし、株式投資には人間の射幸心を煽る要素があります。実際、株式投資で大きく資産を増やせることは、人の心に大きな満足を与えるものです。

その快感、勝利感に浸りすぎると、当初の目的を忘れ去り、いわゆる株式投資をバクチとして楽しんでしまうことになるという危険性も高いのです。

通常の投資環境においても、株価は常に上に下にサイクルを描いて移動します。ただトレンドラインが右肩上がりか、右肩下がりかには注意して観測していくことが大事です。

企業の業績が良くなっていくと、その企業の株やその業種の株が皆、上げ下げの変動を繰り返しながらも、買われて右肩上がりで上昇していきます。それが業績相場です。

業績相場がやってくるならば、低ＰＥＲで業績が上向いていくことが確実視されている銘柄のうち、財務内容が良く、資産をたっぷり持っている割安株を選んでいくのが良い投資戦略だと考えています。

2　利益が大きく上がっているとき、一定の利益分をキャッシュに換えておく

これは２０１７年10月ごろまで、知っていても実行できなかったことです。

私が株式投資を始めたころに教えを受けた70歳くらいの老投資家さんがいます。繊維会社の会長で、糸相場で鍛えた相場の達人でした。慶応大学と早稲田大学を卒業した２人の息子（社長と副社長）の３人で同じ情報を得ながら一緒に株式投資を行っていました。

３人でが同額の資金で株式投資をして「どのくらい増やせるか」をゲームのように競ったことがありました。最初の投資元金は２０００万円だったと記憶しています。１年ちょっとくらいの間に会長は資金を５０００万円近くに増やしました。ところが、２人の息子たちは、ひとりは２５００万円、もうひとりは３０００万円くらいまでしか増やせませんでした（それでもすごいことですが）。

なぜ息子たちより大きく資産を増やせたのか。その理由を、２人の息子たちと一緒に会長に聞いてみました。会長の答えは『ある程度儲かったら一部は利食いして利益をポケットに入れておくこと。相場では必ずといってよいほど波乱が起きる。儲かっているときにその一部を現金に換えて貯めておかないですべてを株に投資したままでいると、相場で波乱が起きたときに、ここ一番の勝負どころで恐怖に負けて踏ん張ることができない。しかし、着実に利益を現金化して蓄えていると、勝負どころで踏ん張って波乱を乗り切り利益を増やすことができる。相場で利益を上げ続けることは、欲をかきすぎないで適

切な利食いで一部を現金化しておくことだ』と教えてくれました。

息子たちは『ほんと、じっちゃん（＝会長）はコツコツ細かく利食いをしているよね。わかってはいるけれど、俺たちにはあんなコマねずみみたいなことはできないんだよね……。悔しいけれど』と同意していました。

息子たちは目の前でコツコツ利益の一部を現金に換えていく会長を見ていても、つい欲望に負けてしまい、波乱が起きたときには利益の蓄積がないので、踏ん張りがきかないで恐怖に負けて損切りをして利益を失ってしまっていたのでした。

私も同じようなものでした。アベノミクス以降、次のように、妻からキツイ一発をかまされたことがあります。

「ここ数年間はいつも最初のころは『今年は儲かっているぞ～』と大口をたたいても、絵に買いた餅ばかりで、実際に株で稼いだ現実の利益を見たことがない。東日本大震災が起きた年も、3月くらいまで絶好調と叫んでいながら、東日本大震災やユーロ危機などで増えたはずの絵に描いた資産が消えてしまった。動いて消えてしまう幻の利益なんてもういりませんから、儲かったというならその一部でも現金に換えて私にちょうだい」と……。

そう言われたときは、まだキプロス問題というリスク・オフ要因が起こっていなかったので、私の相場観は『今は圧倒的に株に資金を投資し続けるべき時期だ』というものでした。まさに、「いつ買うの」「今でしょう」です。


そのとき、相場名人の老投資家の言葉をふと思い出しました。投資環境だけ見ていると、去年までの状況がウソのような春爛漫《らんまん》のポカポカ陽気です。

『不安と感じることがまったくない。それが不安材料だ』ということも相場にはあります。こんなときには思いもかけなかったリスクが天から降ってくるか、地から湧いてきて、相場の大きな波乱要因になってしまうことがあることも、長い相場経験から思い出しました。東日本大震災と原発大事故が起きたときのことを思い出せば理解しやすくなると思います。2018年1月まで続いた楽園相場の後にやってきた2018年2月以降の日本株の暴落も同じことです。

あまりにも投資環境が良すぎるので、自分の投資のリスク管理を行っているのが『冷静な自分』なのか、それとも『欲に浮かされた感情的な自分』なのか、客観的に自分で把握できなくなっているリスクも感じるようになりました。

そこで、2013年には『冷静な自分が相場の管理をしている』ことを確認する手段として、「今年増えた資産の3分の1だけでも利益確定して渡す」と妻に約束しました。

自分が自分の相場観に反しても、その利益のキャッシュ化という方針を実行できるかどうかで自己判断をすることにしました。妻はかなり疑っていましたが、約束したことで自分を追い込みました。

その後、実際にキャッシュ化が完了したときにキプロス問題が発生しました。本当に油断は大敵だと感じました。

老投資家の言ったとおりで、利益を現金化してポケットに入れていたので、キプロス問題を知っても冷静に判断して投資行動を取ることができました。つまり、慌てて日本株が大きく下げている日に少なくなった利益で利食いをするような投資行動をしないで済んだのです。


２０１７年（＝去年）の10月から日本の株式市場は大きく上げて来ていますが、それでも２０１８年年初の時点で、日本の多くの企業の株価は、冷静に考えればバブルではないと私は確信していました。日本には、１００億円の現金と１００億円の設備を持っているうえに、毎年５億円の純利益を上げている企業の時価総額（＝株価×発行済み株式総数）が50億円しかないような割安な企業がたくさんありました。

その企業の株価が数週間で急上昇して50億円から70億円になると『今の株価はバブルだ』と叫び出す投資家が出てきたりするのです。そんなことを言う評論家をマスコミなどがテレビや雑誌に担ぎ出してきます。私からしたら、ありえない話でした。そういうことをも、冷静に判断できた理由だと思います。

3　自分に良い流れが来ているのに逃すのはもったいない

それでは、『いつ買うか。今でしょう』と考えるべきとは、どういうときを指すのでしょうか？　私の場合は、行き過ぎを理由に、直近の高値から企業（ただし、業績が良いことが条件）の株価が20％も30％も下げるならば、そのときこそ、「安く投資するチャンスが来た」と捉えるべきだと考えています。
出雲大社の60年に一度の遷宮後のお参りに出かけた２０１３年5月22日、それまで投資していた不動産銘柄の株価が調整して下げてきたので、売り指値をしたところ、幸運にも利食いすることができました。なぜ〝幸運だったか〟というと、その後、5月23日の後場から日本株の大きな下落が始まったからです。本当にラッキーだったと感じます。

「日本株の調整が短期間で終わり、すぐに戻すなら、利食いした資金はキャッシュのままで温存することにする。もしも、日本株の下落がさらに大きくなるようなら、この資金は株式市場に戻して業績が良いのに安くなった銘柄を買う資金として利用する」

このようなことを日本株が調整し始めたときの有料メルマガのコラムに書きました。予想以上に日経平均２２５の下落も大きく、個別株で見ても、直近の高値から20％どころか、30％以上も下落する銘柄が大量に出てきたので、資金を証券会社に戻して、ビクビクしながらも株の買い増しをスタートしました。

まだ早すぎる買い増しかもしれませんから、すべての利食い資金を一度に証券会社に戻すのではなく、3分の1くらいずつ戻して、買ってから大きく下げて含み損が大きくなった銘柄をいったん売って損を出して、同じ銘柄を買い戻すという作業もしながら、並行して大きく下げた銘柄を少しずつ買い増すような投資戦術を実行しました。


これは、2018年の10月ごろから実行した投資作戦です。自分のポートフォリオにホールドしている銘柄には、流動性の高い大型株が多いです。2013年も2018年も、思い切り売りまくられてサンドバッグ状態で下落しました。

その他の小型の低PER銘柄で、資産を膨大に持っている小型株の株価も、大きく値下がりしました。

相場というものは、どんなもの（=株式相場や為替相場、ゴールド相場など）でも、人間の欲望と恐怖を変数として機能しているので、自分に恐怖心が起きなくても、自分以外の投資家さんが恐怖でパニック売りを起こせば、相場は下のほうに大きく動きます。その結果、下げが恐怖を促すことになり、さらなる下げを呼び込みます。つまり、以下の条件のほとんどを満たしているような、恵まれた安心な企業の株価でさえ20%、30%と大きく下落することが起こるのです。

A：今後の業績が良くなるか、良くなることがわかりきっている
B：膨大な含み益を持つ不動産を山のように持っている
C：現在持っている現・預金＋投資有価証券の金額だけで時価総額を超えている
D：受取手形および売掛金だけですべての負債（＝流動負債＋固定負債）以上の資産を持っている
E：販売先のほとんどが官公庁やJR各社など倒産の不安がほとんどない企業である

それが相場というものです。しかし、普段から投資対象をしっかりと研究し尽くしているならば、この大きな下げはチャンス以外の何物でもありません。

今まで上げすぎて高値恐怖で指をくわえて見ているしかなかった銘柄が大きく音を立てて20％、30％と下落してくるならば、これは『いつ買うか』『今でしょう』ということになります。コツコツ買い下がっていっても何の問題もないはずです。

私が株式投資をスタートしてまもなく出くわしたブラック・マンデーが日経225暴落率のトップです。

私は、1987年以降に起きた日経225の暴落をすべて体験して生き残ってきました。ただし、「度胸が据わってきたので少しぐらいの暴落では恐怖心がわかない」ということではありません。出来高の薄い優待バブル株が多くの優待投資家に大きな含み益をもたらしてくれたように、対策を立ててしっかりと銘柄を選び、選んだ銘柄のことを信じることができれば暴落を乗り越えることはできるのです。

個人的な反省として、過去に『これはすごい企業だ』と思って投資したにもかかわらず、ホールドできなかった銘柄は山のようにたくさんあることも、自分の反省材料として頭に叩き込んでいるところです。

株式投資をスタートして40年近くになると、私が売ってしまった売値から大きく上げた銘柄もたくさんあったことに気づかされます。銘柄選択力はそれなりに持っていたのに、投資した銘柄をグリップしてホールドし続ける力が弱すぎたのです。完全に私の弱点となっていました。

マーケットの総意による株価の乱高下に翻弄される、弱すぎる投資マインドを鍛え上げないと、せっかくの銘柄選択眼が生かせないことになってしまいます。これは、今まで克服できなかった私の最大の課題です。

２０１８年10月以降は、個人的にはバブル化してしまった出来高の小さな優待バブル銘柄を惜しみつつ利食いして、どちらかといえば出来高の大きな日本を代表するような大型株や、小型株でもＰＥＲが10倍以下で、業績面での不安要素が見当たらない銘柄（＝優待でも非優待でも）にシフトしつつあった状況なので、買い始めた銘柄は一気に含み損になるような状況に追い込まれました。

近年、高速取引を使う業者が、自身の儲けのため〝それ（高速取引）〟を仕掛けることもあるので、株価が一方的にブレてしまう事態も起こります。

私のように、シツコイくらいに投資銘柄の資産背景（例えば、賃貸不動産ばかりではなく、国内に持っている工場用地の時価などの公示地価など）を推計したうえに、将来にわたって利益を上げ続ける収益力の源泉である「企業力」をじっくりと見ることによって投資対象を絞る投資スタイルならば、ここでは踏ん張ってバブル化している優待銘柄などを感謝して利食いして、より低ＰＥＲかつ低ＰＢＲの銘柄にシフトしていくことが理にかなった投資戦略だと思い、ずっと維持しています。

4　運が良くなってきたときには、その流れに乗ることが大事

投資でも人生でも運の流れの変化を感じとれることがあります。特に自分が真剣に取り組んでいることについては、そんなことが起こりやすくなります。

学生時代にマージャンなどをしていたときには、運の変化を実に強く感じました。また運が良いときにも、下手なことをしたがゆえに運が一気に悪くなることもよくありました。

アベノミクスが始まるまでの数年間は、「日本は運が悪い」としか言いようのない状況下に置かれていました。リーマン・ショックや東日本大震災、原発大事故。多くの人災や天災が次々に襲ってきました。

このようなことが立て続けに起きているときは、誰でも運が悪いということを身にしみて感じると思います。そして、身を守るために防衛力を固めます。

生きていくためには、あまり悲観的に考えないようにすることも含めて、鈍感力も必要だと言われることもあります。でも、鈍感すぎると生死にかかわるような事態に追い込まれる可能性もあり得ます。投資などでも危機に追い込まれることも多くなります。

ですから、運が悪くなってきた（＝自分の投資運が左回りに動き出した）ときに心がけることは、マージャンなどのゲームでも、人生でも、株式投資などの運用でも同じです。

それは、悪い運の流れに逆らうような、一発逆転（＝株式投資なら大きなキャピタル・ゲインをもたらすような投資）を狙わずに、負けないこと、柳のように大風に逆らわずに受け流すこと、我慢して耐えしのぐことです。


投資で言えば、市場から強制退場を宣告されるような大勝ちを狙った勝負を行わないことです。私の投資で言えば、大きな値上がりを狙う銘柄ではなく、高配当銘柄や優待銘柄を多くして、負けにくい投資に切り替えることでした。

投資対象として選ぶ銘柄も、投資環境が厳しいときはディフェンシブ面で強いと考える企業に投資するように心がけてきたつもりです。

しかし、努力は怠らず、『運が右回り（良い方向）に変わるときは必ず来る』と信じて、投資環境での何らかの変化を見逃さないように目配りしながら、誠実に相場と向き合って守りのポートフォリオでひたすら耐えることを実践してきました。

この我慢ができない投資家は、ヤケクソになって、愚かで馬鹿げて無謀な投資をして、市場から強制退場を食らいます。そうなると、いずれ来るはずだった『良い流れ』も来なくなってしまいます。

耐えに耐えて待ち続けた、『良い流れ』がようやく訪れ、自分の投資運も時計回り、右回りに動き出したように感じたならば、『良い流れ』が来ていると考え、冷静さを失わず、有頂天にもならずに、しかし、きっちりと大胆に攻めることが大事だと考えています。

良い流れは、それほど頻繁に来るわけではありません。たまにしか来ない『良い流れ』が来ているときに、それに乗り切れないようでは大成は望めません。

ただし、調子に乗ってミスをして流れを失うことがないように冷静に、しかし大胆にチャンスを掴んでいくべきだと考えています。

5　投資環境が良いときほど、気を引き締める

株式投資の世界にいると、「株価というのは一筋縄では動かずに、投資している投資家の欲と恐怖に

駆られた投資行動によって不可解な上昇や下落を起こすものだ」と痛感せざるを得ません。長く株式投資を行っている経験豊かな投資家でも、常に利益を上げられるとは限りません。ついつい欲望に引きずられて、まずい投資行動をとってしまうことも多いです。

しかし、長く株式投資を実践してきたことで、いろいろなことを学んできているのも事実です。まずい投資行動をとったときに、どのようにそのミスを修正して、大損を回避するかというようなテクニックなどを、自分のものとして少なからず身につけてきています。

そうでなければ、変化の激しい株式市場という経済戦争のバトルフィールドで生き残っていくことは難しいです。長く株式投資を行って生き残っているということは、いろいろな経験をして、生き残る術を身につけてきたということにほかなりません。

株式投資の本などで学んでみても、自分で実際に『お金』を株に投じて、自分の欲と恐怖を体感して、自分の欲と恐怖に振り回されてもみくちゃにされてみないと、自分という人間はどれほど欲が深いのか、どれほど恐怖心にやられやすいのかを把握することができません。

例えば、アベノミクスが始まったばかりのころのように、投資環境が良いときに株式投資をスタートすると、恐怖より欲が肥大化します。その肥大化する欲望をどうコントロールするかを学ばないと、一時的に大きく稼げても、投資環境が激変したときに大きな傷（＝損）を負ってしまう可能性が高くなります。

かといって、臆病に徹しすぎると『良い流れ』に乗ることができずに、せっかくのチャンスを逃してしまうことにもなりかねません。


自分の責任で大きな損をしたにもかかわらず、『株式投資はご法度で、絶対やってはならないバクチである』などという家訓を子孫に残すような羽目になるのを避けるためにも、そして、自分の欲望と恐怖をコントロールする方法を身につけるためにも、すこぶる良好な投資環境（日経225やTOPIXなどの指数が大きく上向いているときなど）を利用して実戦訓練を行うべきだと考えています。

長く株式投資を実践してきた投資家にとっても、過去に身につけた悪癖を修正するには、この良い投資環境はチャンスのときになると思っています。

株式投資を続けてくると、知らず知らずに悪い癖が身についてしまうことが起こります。その悪癖を修正することができれば、運用成績は今まで以上に高くなると思います。


ゴルフやテニスなどのスポーツでは、上級者でも当たり前のように訓練を繰り返します。少しでも訓練をサボるとお金を取って自分のプレイを観客に見せるプロでさえ、試合で成果を上げることができなくなります。より強いプレイヤーになるためには日ごろの絶え間ない厳しい練習が不可欠になります。

株式投資はスポーツより車の運転に似ているかもしれません。車というより自転車のほうにもっと似ているかもしれません。自動車には免許がないと乗れません（＝無免許運転は法律違反ですから）が、自転車は免許がなくても乗ることができるからです。株式投資にも免許はいりません。

自転車に乗るためにも練習は必要ですが、ある程度の努力をすれば乗れるようになることが多いです。しかし、最近は、自転車の無謀運転をする人も多いです。自分がミスをして自分だけが怪我をするなら他人に迷惑をかける度合いも少なくなりますが、他人を事故に巻き込む危険も高くなります。

携帯電話をかけながら自転車を運転する。雨の日に傘をさしながら自転車を運転する。信号を無視してスピードを出す。車がバックしているのを知りながら強引にその車の後ろを走り抜ける。こういうルール違反を行っていれば、いずれ痛い目に遭う可能性も高くなります。

株式投資でも同じことが起こります。正しく相場を観察できていないにもかかわらず、うわさでパニックになるような、迷惑運転をする人は確かにいます。しかし、安く買い増ししたい投資家にとってはありがたい存在でもあります。

自転車の無謀運転も怖いですが、株式市場はお金を使った経済戦争のバトルフィールドですから、株式市場での無謀な売買は大きな経済的損失を発生させます。だからこそ、実戦で訓練を繰り返し続けることが必要不可欠になるでしょう。

投資環境が良いときに株式投資を行うメリットは、まずい投資をしてしまっても投資環境に救われて、ミスが小さくなる（＝損が小さくなる）可能性が高いことです。しかも、逆にミスが利益を大きくすることも、ありえます。

ただし、ミスを繰り返して利益を上げ続けてしまうと、悪癖が身にしみこんでしまう可能性もあります。注意が必要なことは投資環境が悪いときと同じです。

私の場合は、「すぐ目前に決算発表があるときは、決算発表を待って決算内容を確認してから新たな投資行動を取るべき。例えば、新規で買うとか、買い増しをするのは決算内容を確認してからにすべきだ」と感じることが、本当に多くなりました。

「投資環境の良さに甘えずに、慎重に投資を行っていくべきだ」と、自分に言い聞かせるためもあって、この話を紹介しました。

❻ 株式投資をするなら覚えておきたい９つのお話

１　長期投資、中長期投資、短期投資、デイトレード（超短期投資）をひとりで使いこなすのは難しい

ひとりひとりの投資家には、得手・不得手があります。すべてを完璧にできる万能天才はまれです。スポーツでも、水泳とレスリング、テニス、マラソンなど多くのスポーツでオリンピックに出場できるほどの才能をひとりの人間が持っているようなことはないと思います。

楽に成果の出せるスポーツと、いくら努力しても成果の出ないスポーツがあるとします。どれかを選んで勝負をするなら、楽に成果の出せるスポーツを選ぶほうが、勝ちやすくなります。

楽に成果の出せる投資対象で、自分ができる最大限の努力をして銘柄選択を行えば勝利しやすく（＝利益を上げやすく）なるという意見に反対される方はほとんどいないと思います。

2　タイミング投資で常に勝つのは難しい

私自身、プロのファンドマネジャーさんなどにお話を聞くことがあります。どうも、プロでもタイミング勝負では勝てないことのほうが多いようです。

タイミング勝負では、株式市場にとどまるべきときに退出してしまったり、退出すべきだったのに留まったりして、最終的に討ち死にしてしまうことも多いです。

実際に、日本の株式市場でも２０１７年と２０１８年2月以降の投資環境は天と地ほど違いました。アメリカで最も名の通ったフィナンシャル・プランナーのひとり、イーデルマンさんの投資アドバイスは、長期保有が原則であって、タイミング勝負という戦略は使わないということです。ただし、同じ株に投資し続けるというバカのひとつ覚えの長期投資は最低の投資戦略だと、私は痛感しています。

投資環境によって選択する銘柄には違いがあってしかるべきです。

確かに、フィーリングで投資しようとすると失敗します。タイミング勝負師とは、何かニュースが出てからそれに遅れて株を買ったり売ったりする人や、「今、株式市場が上昇を続けていて儲かりそうだから」と全財産を株式市場に投入してしまう人のことを指すそうです。

行動ファイナンスは心理学を活用し人間の投資行動を研究します。それによると、「感情によって人はお金に関して過ちを犯す」ということがわかっています。

恐怖感、欲ばり、自信過剰、自信のなさ、失望、後知恵、仕立て上げ、損失嫌悪など、いろいろな感情がタイミング投資を志向する投資家を襲い、その結果、誤った行動を取らせてしまうようです。

やはり、過度なストレスを感じずに投資をしたいのであれば、長期で株式市場に資金を置いておく長期投資が一番なようです。

ただし、同じ銘柄を持ち続けるとシャープに投資した人が大損害をうけたように、東京電力に投資した人や破綻前の日本航空に投資した人が資産を失ったようなことが起こりますから、銘柄の入れ替えは大事です。

ここで、少し銘柄選択の話もしておきます。どの銘柄に投資家の需要の光が強く当たるかは明確にはわかりませんが、多くのウォッチ銘柄をもって、上げている銘柄がどんな事業を行っているかを考えれば、ミスター・マーケットが望む業種などの予想がある程度はわかります。このように、市場を観察しつづけることが、中長期投資家については必要になります。

3　迷ったら半分決済という選択肢も有効なことが多い

運用成績が良くなってきているときに迷いが出たら、私はミニマックス・リグレット基準を採用することにしています。これは、自分の性格に合わせて作った投資ルールです。

「ミニマックス・リグレット基準」というのは、将来がどうなるか不確実なとき、またはものごとが裏目に出たときに、自分の後悔が最も少なくなるような選択をする基準を言います。

人間は、ものごとが裏目に出たときのダメージに弱い生き物です。そして、裏目に出るという可能性にすら目をつぶりがちです。株を買う場合は、その株が値上がりして儲かると思って買います。だから買った株が値下がりするとうろたえる人が多いです。そして後悔します。人間は欲張りにできています。また心が弱くできています。だから弱い心を支援するシステムをいろいろ考えることが必要になります。

投資家によって経済環境が違いますし、安定収入がどれだけあるかも違います。株式に投資使用できる投資資金の金額も違いますし、運用成果が自分の生活にどれほど強い影響を与えるかも異なります。私の株式投資の資金は、自分の生活を維持していくために必要不可欠な資金なので、できるだけ損をしないように維持していきたい性質のものです。

経済状態の制約があるうえに、投資家それぞれの性格も違うため、投資を実行し、その投資によってもたらされた結果に対する反応（⇕利益を上げたときの喜びや、買ってすぐ株価が下がってしまったときの怒り、多くの日本株が一斉に下がり出したときの恐怖など）も違います。

投資がうまくいき、利益を上げられたときは、どのような人もうれしいと思います。ただ、欲が深すぎる性格の投資家は「なぜもっと多くの金額を投資しておかなかったか、もっと株数を多く買っておけばよかった」など、せっかく儲けを上げたのに、自分の投資行動を嘆いたり、責めたりします。このような欲張りは論外だと思います。

ここでは投資に成功して利益を上げたときに喜ぶという、普通の欲を持っている投資家を対象にして、話を進めていきたいと思います。

投資で利益を上げられたときは喜ぶから良いのですが、投資がうまくいかなくて損が発生したときに、多くの投資家は精神的にダメージを受けたり、悩んだり、自分を責めたりすることが多くなります。すると、冷静にリスクを管理することができなくなって、さらなる大きな失敗を招くことが多くなります。

そこで、私は自分の性格を考えて、先述したようにミニマックス・リグレット基準を採用して投資ルールを作るようになりました。

自分が期待している程度の（または期待以上に）利益が出ているときに、どのような投資行動を取るべきか。

投資ばかりではなくいろいろな場面で使われますが、よく『迷ったら半分』という考えをする方がいらっしゃいます。株式投資の例だと、自分が投資した株式を数単位持っている銘柄の株価が随分上げてきた。平均買い値から20％上がってきた。『そろそろ利食いされて反落してしまうかもしれないし、まだまだ上がり続け2倍になるまで上げ続けるかもしれない』。そんなときには、迷ったら半分だけ売って利益を確定しておく。それが『迷ったら半分』です。

反対に、自分が主力として投資している銘柄の株価が下げてきた。持ち続けると、もっと下がって投資資金が減ってしまう。でも持っていれば株価が反転して戻してくれるかもしれない。

こんなときも『迷ったら半分』で半分だけ損を出して売って、半分だけホールドを続けます。

株価は投資家の欲と恐怖によって乱高下します。株に投資して買い値より株価が下がったとしても、持ち続けたら株価が買い値より上昇することもよく起こります。その反対も起こります。

つまり、損したか、利益を上げられたかは、その株を売るまでわかりません。本質的な価値（＝資産価値＋事業価値）が高い企業を、ミスター・マーケットの欲と恐怖という感情によってついた株価で、安く手放してしまっては、いつまでたっても資産を成長させることはできません。

しかし、持っているままでリーマン・ショックの後の私のように投資資金の総額の40%を失ってしまう（=減ってしまう）ような目にはもう遭いたくありません。だからこその、ミニマックス・リグレット基準なのです。

少し補足しておくと、個別の銘柄ならば、迷ったら「半分」だけ売ればよいということになりますが、ポートフォリオ全体で考えるときには少し違います。「どのような銘柄を残して、どのような銘柄を売るか」を考えることになります。


株式投資などの資産運用は自分が幸せになるための手段です。株式投資をすることで自分が不幸せになっては意味がありません。ですから、自分の性格に合った投資ルールを作り、いろいろな状況でルールに合わせた投資行動をとって、自分の心の負担を軽くします。このことが重要になってきます。

ぜひ、皆さんも自分の性格に適した投資ルールを、自分で作ってください。自分の性格に適していないルールを作っても、きちんと守ることができません。大事なときや危機に陥ったときに守れないルールを持っていても意味がありません。

自分の性格は自分にしかわかりません。いや、自分でもわからないことも多いです。しかし、一番自分を理解しているのは、自分だと私は考えています。皆さんはどのように考えているでしょうか。

4　通常時か非常時かをしっかり判断して、投資行動をとる

マーケットで勝てるのはマイノリティーだという話をよく聞きます。本当でしょうか?

私は、通常時は、株式投資でも人生でもマジョリティーについていくほうが確実に良いと考えています。実際、株式投資でもトレンドフォローのほうが通常は成績が良いです。

ただし、大きな波乱が起き、相場環境が激変したときはマイノリティーが大きく勝ちます。マジョリティーが値段に関係なく生き残るために市場から逃げ出すからです。

5　兵站《へいたん》銘柄を意識する

私にとって年金を満額でもらえるようになる65歳まで（今もそうです）の株式投資に投下している資金は、大事な生活費獲得の元手のひとつでした。

ですから、慎重に大きく毀損しないように、安全を最重視してポートフォリオを作っていました。

サラリーマンのように、私と違って生活費を獲得する別の手段を持っている投資家さんのほうが、リスクを果敢にとることができます。事実、アベノミクスを追い風としてうまく利用し、高い運用成績を

残している方もたくさんおられました。

２０１８年のような日本株の大きな下落で見てもわかるように、株式投資の利益だけで生活費を賄う（＝専業投資家）という生活設計モデルは、普通の実力の投資家には難しいと感じています。少なくとも、「私には無理だ」と昔から考えていました。

サラリーマン時代は、生活費を稼ぐために会社勤めをするのは、自分の時間を会社に売っていることと同じですから、いわば会社の奴隷だと考えていました。正直に言うと、自分の資産運用だけで生活できるようになれば、経済的独立を達成して（＝会社を辞めて）、自分の時間を好きなことに使えるものと思っていたのです。でも、それは錯覚でした。

私自身としては、やむにやまれぬ無念の選択で、副業（＝会社勤め）を辞めて、専業投資家という道を歩き始めたわけですが、株式投資の利益だけで生活するという生活設計モデルは考えていませんでした。

そのため、株式投資で大きく稼げたときは、その時点では株に資金をすべて置いておいたほうが絶対に有利だと思えても、株から資金を分離して、賃貸不動産や私設年金、ゴールドなど、株とは違う動きをする資産（＝お金を生んでくれる卵）に資金を移すとともに、自宅やワンルームマンションを購入するために借りた金を返し続けてきました。

当然のごとく、株から他の資産へと、スムーズに資金を移す決断ができたわけではありません。資金を移すタイミングなどの時期でも迷いましたし、何に投資をするかでも、いろいろ悩みました。

紆余曲折を経て、私の運用資金は、いろいろな資産を動き回っています。今の時点で総括するならば、株で自宅を購入し、ワンルームマンションを買って、ゴールドも買い、私設年金の資金も株で作った。そう結論付けても大きな間違いはないと考えています。


株式投資で大きく稼げたときに、株から資金を他の資産にシフトすることは、本章の第4節でお話ししたように『勝ち逃げする』ということになると思います。

株とは違う別の資産（＝お金を生んでくれるニワトリに育つ可能性がある卵すなわち資産）を買うという方法は、サラリーマンを卒業後の9年目から続けています。

例えば、株の利益をシフトした私設年金や公的年金は『お金を産む鶏』に成長してくれました。2014年からは1年ごとに安定的に家計に入ってくるキャッシュの金額が増え始めることになりました。


今の時点で感じることは、すべての生活費を株式投資で確保するという生活設計モデルを選択しなくて正解だったということです。始めた当初は、株よりも資産の増えるスピードがあまりにも遅いと感じる選択肢でしたが、数年間を経てみれば、とても良い選択肢であったと実感できます。

その時々で投資家から一番嫌われて安くなっている『資産の卵』に投資する。実際には、価値が高いのに投資家に嫌われて投げ売りされている資産を買う。株式投資を40年近く実行してきて学んだことが、他の資産投資でも十分に役に立ちました。

ただ、サラリーマンを卒業した後の１３年間を顧みれば、一日のかなりの時間を株式投資に使っていたことになります。

朝の6時前からニューヨーク市場を確認します。朝9時前にはパソコンの前に座って準備をします。そして午後3時30分で名古屋市場が終わっても、銘柄分析や、自分の投資行動を分析したり、かなりの時間を株式投資のために使っていました。夜にはニューヨーク市場の株や為替の動きを確認します。

土曜日や日曜日や祝日もかなりの時間を株のために使っていました。旅行に行っても株価がどう動いているのか気になって携帯でチェックして妻に文句を言われるありさまです。自分自身で冷静に評価しても「会社の奴隷から株の奴隷になったようなもの」でした。しかも、収入の変動は大きく、結果的に労働条件や待遇は悪化したわけです。要するに、自分の時間を自分で好きなことに使うということからはかなりかけ離れた状況だったのです。どんなに好きなことでも仕事にすると苦痛は生まれます。能力アップのためには努力や限りない時間の投下が必要になります。これはどんな仕事でも同じだと思っています。

株式投資が好きだから、そして自分の生活を支えるだけの成果を確保できたからこそ続けてこられた仕事（＝株式投資）であったと考えています。

優待株投資にしても『選択肢に食べ物を選べる優待ギフトのある銘柄』や『特定の食べ物が貰える銘

柄』を好んで選択していました。優待株投資が世間の脚光を浴びて、優待プレミアムで株価が上がるので、良い選択だったと考えています。

しかし、優待の食べ物（コーヒー、日本茶、みかん、りんご、お米、ハム、ジャム、ワイン、日本酒など）や優待ギフトカタログが時期を集中して届いてくるので、例えば6月の中旬から7月の初旬までは旅行に行くことも難しくなります。

また、選べる優待ギフトを40個も取ると、選択肢に金券があるものは別として、冷蔵庫や冷凍庫の容量を考えたり、お米の現物を貰いすぎて鮮度を落としてまずくならないように考えたり、同じ食品が重ならないように計算したり、かなり煩わしい思いをすることも事実です。40個以上も一度にギフトが届くと、その管理にかなり時間をとられてしまうこともあります。妻に言わせれば、優待の奴隷になってしまったようなものでした。


株で稼いだお金で作った賃貸不動産や施設年金、ゴールドなどの資産（銘柄）は、軍事用語で言うと兵站銘柄になります。兵站とは、簡単に言うと、補給や後方支援のことです。株とは違う動きをする資産（銘柄）は、私にとって、株で稼ぐためには欠かせない補給線でした。株とは違う資産がお金を生んでくれたからこそ、株式投資に集中することができたのです。もしも、資産運用の方法が株式投資だけだったとしたら、一時的な需給の波に心を揺さぶられて、正しい判断をすることもできなかったと思います。

今まで戦略や戦術、戦闘などについて書かれた本はありますが、兵站という言葉を挙げて株式投資のことを説明したものはなかったと思います。

国家間の戦争でも、株式投資のような経済戦争でも戦略や戦術と同じレベルで兵站を考えることが重要です。

サラリーマンを続けて生活費を確保する手段を持っているということは、兵站を確保するという意味においては『株式投資という経済戦争に勝つため』の大きなアドバンテージだったわけです。

私が株にだけ資金を投下しないで、賃貸不動産や私設年金などに資金を分散で投下してきたのは「兵站を確保する」という意味を持っている行動です。


研究業績として軍事学の方法論を著したアントワーヌ＝アンリ・ジョミニは、戦争の理論を構成する三つの要素として戦略と戦術に並んで兵站を位置づけています。

兵站は、武力を使う国家間の軍事理論においても補助的なものではなく、むしろ主要な地位を占めるものであり、それは軍事作戦の遂行を基礎付けるものです。

「戦争のプロは兵站を語り、戦争の素人は戦略を語る」という格言があります。これは兵站の重要性を端的に強調したものです。私は株式投資という経済戦争においても、兵站の重要性は同様だと考えています。

ポートフォリオの銘柄においても兵站と位置づけるべき銘柄はあります。このような銘柄は自分の時間を自分の好きなこと（＝株式投資以外の好きなことという意味です）に使うためには大切な銘柄です。

キャピタル・ゲインを狙う銘柄を支援して株式投資で大きく稼ぐためにも、兵站銘柄が重要なことは言うまでもありません。

具体的に言えば、配当利回りや配当金券優待利回りが高い銘柄や、経済的効用が高い優待のある銘柄が兵站銘柄になると考えています。

キャピタル・ゲイン銘柄で稼ぐという株式投資を支える貴重な戦力、本当の戦争でいうならば、最前線を支えて戦《いくさ》を勝利に導く兵站の役割を担う大事な投資対象銘柄候補だと、私は考えています。

6 急に多くの銘柄が大きく下げだしてもあわてると損が大きくなる

株式市場が堅調なときも厳しいときも、２０１７年10月までは、株に投資すると決めた資金は、ほぼフルインベスト状態を維持してきました。

私は現物株投資しか行っていません。もしも、レバレッジをかけた信用取引などを行っていたら２０１８年の12月に起こったフリー落下のような投資環境での被害はとても大きくなっていただろうと感じています。

どんなに順調な株式投資の環境下にあったとしても、自分の経済的実力を大きく超えた資金規模での投資はすべきではないと考えています。

投資環境がとても厳しかったときには、自分のポートフォリオの銘柄は以下のような基準になるべく多く当てはまる銘柄を選んでいました。この基準のうち3つ以上の条件には該当する企業に投資するようにしていました。

①低PBR（＝0・6倍以下）
②低PER（＝10倍未満）
③高自己資本比率（＝60％以上）
④高配当（＝配当利回り3％以上　優待銘柄も優待利回りは考えない）
⑤過去8年間、経常黒字を維持している
⑥前期と今期の業績が経常利益、最終利益比のどちらかで10％以上の増益になっている
⑦ストック・ビジネスモデル型企業
⑧世界シェアNO・1、国内型企業であれば日本国内シェアNO・1、または地方シェアNO・1という強い製品やサービスを持っている
⑨これから数年、売り上げが右肩上がりで増加していく明確な理由がある

すべての条件を満たす企業は、ほとんど見つけることができませんが、このような銘柄の中には暴落相場の後にも速やかに値を戻すものが多くありました。

楽観→疑念→悲観→疑念→楽観という流れは、たぶん株式市場では永遠に続くような気がします。だからこそ、暴落相場のときには、投資対象の事業内容や資産背景をしっかりと調べたうえで、より強いポートフォリオを再構築するチャンスにすべきだと感じています。

ただし、ここで買い急いでしまうと、高値掴みをさせられて、イライラしてしまうことも多くなります。暴落しているときには、低迷相場を思い出して、じっくりと安く買える我慢も重要な投資能力となってくると考えています。

7　欲をかきすぎない。腹八分目でおさえる

私は過去に株式投資で大きく稼いだ投資家の教えを参考にすることが多いです。例えば、勝ち逃げの重要性については、福沢桃介氏から学びました。

「順波には乗り、逆波は逃げよ。成功は機を見るに敏なるにある」

『人間の成功に、運、鈍、根という三つの資格が数えられる。その中でも、事業経営に一番必要なもの

は根すなわち執着である。
その反対に、株式相場に執着はもっとも禁物だ。いつでも見切りよく転換することを心がけて、一度に全部をすくいとることをしてはいけない。シナの五祖禅師が『福不可受尽』といったのはこのことで、福をあまして八分に甘んじ、いさぎよく見切るところに転換の妙がある』
福沢桃介は福沢諭吉の婿養子です。相場師として日露戦争後の株式投機で財を成し、その後、実業界に転じました。主として電気事業に関与し、名古屋電灯を買収して社長となり、木曽川などで水力開発を手がけ、後に大手電力会社、大同電力の初代社長となりました。
「諸君が金持ちにならんとして、株の売買をせぬのはウソだ。しかし株式の売買について、ここにひとつ諸君に注意しておかなければならぬものがある。余人はともあれ、諸君が株の売買をするには利子を標準とすることを希望する。具体的に言えば、定期預金の利子はつねに五分より七分の間を往来している。五分以下となり、七分以上となったことはまず近来においてない。市中の金融が大緩慢で貸付日歩が1銭6厘以下に下落したときでも、預金の利子は五分であった。また金融が大逼迫で貸付日歩が3銭、4銭に上がったときでも、預金の利子は七分より上がらなかった。この預金の利子を標準として売買することだ」

定期預金利子よりも配当利回りのほうが上回れば「買い」、下回れば「売り」だ、と私は理解しました。

また、桃介は次のようにも述べて、財務状態が良い銘柄を薦めています。

「この株は安全か否かということを考えなければならぬ。郵船、鐘紡、炭鉱、東鉄というような、なるべく基礎の強固なものを選び、基礎の薄弱なものはやらぬがよい。たとえ一時配当が多くとも、基礎の薄弱な会社は、会社全体がつぶれてしまえば大損になる。比較的強固だと思っても、なお不安だと思ったら、金を銀行に預けて寝ておればよい」

さらに、レバレッジ投資を厳禁しています。

「これは諸君の各自によって定まる問題であるから、具体的にこれこれというわけには行かぬが、要するに、これに全力をあげてはいかぬ。借金してかかるのはもちろんいかぬ」

「日露戦争後において株式の売買に失敗し、事業で倒れたものの多くは銀行から金を借りた人である」

欲をかきすぎないで腹八分目で止めておけということだと、私は理解しています。

以上のように、運用成績が良くなって来ているときに右往左往しそうになったら、私は自分の性格に合わせて作ったミニマックス・リグレット基準を採用して、迷いを軽減しています。

8　カンニング投資について

私は発明王エジソンと五島慶太からカンニングの素晴らしさを学びました。
エジソンは、世界でも有数のコングロマリット（複合事業企業）であるゼネラル・エレクトリック社を作った人です。オリジナルの最高峰とも考えられています。
しかし、実は、エジソンは他人のアイデアを学んで多くの発明を生み出していたのです。そのことがわかる代表的な言葉を紹介しておきます。

「誰か他の人が用いて成功した真新しくて興味深いアイデア。そういうアイデアを探すことを習慣にしなさい」
「あなたのアイデアは、今、あなたが実際に抱えている問題の応用においてオリジナルで創造的であればよい」

後述しているように、私の投資法はバリュー投資です。バリュー投資のバリエーションには大きく分けて3つあります。

A：資産バリュー
B：収益バリュー

C：成長バリュー

この3つのバリューのうちから、どのバリューに比重を置くかを決めて、投資銘柄の選択をしています。専業投資家になったころは、資産のバリューを重視して銘柄選択をしていました。

そのほうが安心して投資できていたからです。ただ、自分の銘柄発掘能力だけでは限界があるので、多くの成功したバリュー投資家のポートフォリオから銘柄を輸入してきました。

この手法は東急の創始者五島慶太氏が阪急の創始者の小林一三氏の真似をして事業展開した方法によく似ています。

阪急の小林一三氏は知恵の塊です。知恵で阪急を大きくした人です。例えば、小林氏が箕面有馬電気軌道の経営を引き受けたときの話です。この電車の建設予定区間の沿線には田畑しかなく、「ミミズ電車」と呼ばれ乗降客は期待できませんでした。ほとんどの人がこの会社の将来を明るく見ていなかったようなのです。

ここで、小林氏の素晴らしいアイデアが炸裂します。

まず、会社の事業計画を「最も有望なる電車」としてパンフレットにしました。会社案内を作ることは当時では本当に珍しかったのです。

次に路線の沿線の土地を買い、住宅にして販売しました。いわゆるデベロッパーです。今でこそ私鉄経営に住宅開発は当たり前になっていますが、これは小林氏がはじめて行ったものでした。幸いこの電車を有望と思うものは少なかったこともあり、土地買収はスムーズに進み、住宅販売は大成功を収めたわけです（余談ですが、小林氏はこの後も遊園地、宝塚歌劇団、ターミナルデパートなど数々の工夫をこらし、乗降客増加のための作戦を実行し、阪急の基礎を固めました）。

この「人が注目していない資産を購入する」という考え方は、バリュー投資の真髄に通じるものがあります。大いに学びたいと考えて、私も実践してきました。そして、〝私にとっての小林一三氏〟とは、バリュー投資の達人たちだったのです。


〝強盗慶太〟とおそれられた辣腕の五島慶太氏も自分が新しいアイデアを出す力には限界を感じていて、ことあるごとに小林一三氏のアイデアを真似しまくりました。この行動力もすごいと思います。師匠を信じて行動を真似ることはなかなか難しいことでもあります。これは事業であろうと投資であろうと同じです。

五島氏は鉄道経営ばかりでなくあらゆる事業で、ことあるごとに小林一三氏から助言をもらい、阪急のやり方をそのまま真似したカンニング経営法を実践しました。

沿線の土地の開発。渋谷のターミナルデパート（今の東急百貨店）などは、まさに阪急のアイデアを真似たものです。

こういう乗客を増加させる試みの中で、五島氏が考え出したアイデアが、「大学の誘致」です。やはり自分でもアイデアは付け加えています。五島氏は沿線の土地を寄付、もしくは元々の土地との交換を申し出て、日吉の慶応大学や大岡山の東京高等工業（現：東京工業大学）をはじめ、東京第一師範（現：学芸大）、府立高等学校（現：都立大）、日本医科大などの大学を沿線に誘致しました。沿線誘致で乗降客は増加し、また大学周辺の地価は上昇したわけです。一石二鳥、三鳥方式はすごいです。

私も、株式投資においては、自分のアイデアを付け加えています。誰もが小林一三氏ほどのアイデアは出せないかもしれませんが、五島慶太氏のように、アイデアをカンニングしても、東急グループのような素晴らしい企業群を作れるのです。私は今後も、優秀なバリュー投資のツワモノたちから銘柄輸入をどんどん進めたいと考えています。

ただ、すべてを真似しようとすると、自分の過去に築き上げてきた投資手法や投資判断を狂わせて、利益を落とすこともあります。

自分の投資手法と、新しく学んだ投資手法から良いところを選んで自分の投資力を成長させる努力を続けることが大事だと考えています。

9　初心わするべからず

長年株式投資を続けてきた結果、偶然稼げる投資家から、当然に稼げる投資家へとステップアップできそうになってきました。

運が実力のすべての投資家から、自分の実力でも稼げる部分が増加してきました。これはうれしい成長です。

『初心わするべからず』という言葉の真の意味をご存知でしょうか。

若いころ尊敬する先輩から教えられたのか、または本からか学んだ、どこで聞いたか正確には思い出せないのですが、聞いた内容だけは鮮明に覚えています。

初心という言葉は世阿弥が『花伝書』の中で、初めて使った言葉のようです。今はものごとを始めるときの心構えのように使われていますが、世阿弥のいう初心は違うようです。

「ある人が『能を極めよう』と決心して、何年も何年も修行を積み、そのうち、ある時、自分でも納得のいく能を舞うことができる。初心とは『ああこれで自分もそこそこ一人前になった』と思い、その道の面白さが分かりかけてきた瞬間のことを指す」

世阿弥のいう初心とは、ある人が「能を極めよう」と決心して、何年も何年も修行を積み、そのうち、あるとき、自分でも納得のいく能を舞うことができるようになったときのこと、「あぁ、これで自分もそこそこ一人前になった」と思い、その道の面白さがわかりかけてきた瞬間のことを指すのだそうです。そこからが本当のスタートということだと教えられました。

株式投資でも仕事でも、初めからすべてを自分で作り上げることは不可能です。ですから学んで、真似していくことは大切だと思います。

ただ、すべてを真似していては進歩がありません。だから、少しずつ自分流を付加して、工夫していけばいいのだと考えています。それが独創性につながると信じています。

また、企業でも、人でも、成長を続けられるのは「未来への欲」を持てるかどうかだと思います。現状に危機感をもって、または今の自分の状況に対し、「もっと上手にできる、もっと良いものを作れるはずだ。もっと上手に株式投資を行えるはずだ」。このように考えてチャレンジを続けられる人だけが成長していけると感じています。

「あ〜、自分もけっこういいところまで来たな〜、上手になったじゃないか」と思った途端に成長は止まってしまいます。

未来への欲を大いにかいて、一歩一歩前進して行きたいと孔子の論語にある『耳従う』歳になって、やっと「初心」の意味を考えることができるようになったのかもしれません。

第1部

資産を作るための株式投資編

第2章

中長期のバリュー投資で資産を作る

1 目標の効果的な決め方

株式投資というと、そのやり方ばかりが注目されます。でも、本当に大事なのは「どうして株式投資をやるのか」だと、私は考えています。つまり、株式投資をやる目的と目標です。

普通は、「叶えたい目的があるから、その手段として株式投資をする」というのが基本のはずです。

しかし、目的と目標がしっかり考えられていないと、いつしか、株式投資をやること自体が目的になってしまうおそれがあります。仮に、無理にやらなくてもよいところでエントリーなどすれば、その結果がどうなるのかは、あえて言わなくてもわかるかと思います。

だからこそ、「どうして株式投資をやろうとしているのか（やっているのか）」についてはきちんと考えておいてほしいと思います。

以上を踏まえて、本節では、目的や目標の立て方について、考え方は変わっていませんので、私の過去の著書を参考にしながら解説していきます。

1　まず大きな夢（＝ビジョン）ありき

まずは目的（＝ビジョン）と目標について考えたいと思います。

例えば、登山家が自分の登山家としての夢を実現するために、憧れのエベレストに登頂するという目的（＝ビジョン）を描いたとします。そのためにはどんな準備をして実現を目指すのでしょうか。

エベレストのような高峰を征服するためには、綿密な準備が必要ですが、それよりも、まずは〝いつ〟登頂するかという最終期限を決めることが必要です。「散歩のついでにエベレストに登ってしまうことはない」からです。

夢を叶えるには、まず夢を具体的に描き、最終期限を決め、その最終期限までにどんな準備をするのかを期限から逆算して決定していくことが必要です。

このとき、それぞれの区切りの点が目標となります。いつまでにメンバーを募るか。いつまでに所持する装備を決定し、いつまでにそれを購入し、どのようにエベレストに運び込むのか。その資金はどうするか。自分の体力はどのように鍛えていくか。訓練はどのように実施していくか。

私は登山をしたことがないので詳しくは書けませんが、超えなければならないハードルがたくさんあることくらいはわかります。このハードルを超える期限をひとつずつ目標として計画に落とし込んでいくのです。

何か事を成そうとするなら、目的＝ビジョンを明確に描き、そのビジョンを具体化するための目標を決めることが大切です。ビジョンは夢のゴールです。そして目標はゴールに到達するための通過点ということになります。

まずゴールを決め、そのためにはいつまでに何をするかを、ゴール近くから設定していくことがゴールに一番早く到達するコツなのです。

何をするにしても、まず夢（＝ビジョン）ありきです。夢がなければ、行動することはできません。当たり前のことですが、とても大事なことでもあります。

何のためにその夢を達成したいかを明確にしておくのも大切です。何のために、なぜその夢を達成したいのか、その動機をしっかり把握しましょう。

お勧めは、その夢を紙に書くことです。また常に頭の中でゴールに立っている自分をイメージしましょう。

しっかりと動機づけをして明確に描いたビジョンは信念を生みます。そして信念は勇気を呼び起こしてくれます。

もちろん、高い望みや大きな夢には困難がつきものです。しかし、どんな困難も、夢の実現のために乗り越えてみせるという信念、そして勇気、さらに、それが情熱にまで高まることによってすべての夢は具現化していきます。

まず大きな夢を描きましょう。自分がワクワク楽しい人生を謳歌するための大きな夢、高い目標を描きましょう。

私は、特に若い勉強仲間には「自分を信じ、自分がどうありたいのか、どうあるべきなのか、最高の自分はどんな自分なのかを早く見つけ、しっかりイメージを描いていただきたい」と望んでいます。なりたい最高の自分をイメージしなければ、最高の自分になれるはずはありません。

旧約聖書の箴言23 17には「人間は心の中で思っているものになる」と書かれています。そしてプラトンは「われわれは、自らが熟考しているものになる」と解き明かしています。ローマの賢人皇帝マルクス・アウレリウスは「われわれの人生は、自らの思考の産物である」と述べているそうです。アメリカのニューソートの思想家エマーソンは「人間は、自分が一日中考えているものになる」と教えてくれています。

歴史上の賢人たちが、「人間は自分が望んだものになる。そして望まなければ決して何も起こらない」という事実を解き明かし伝えてくれています。

先人たちの教えを素直に受け入れ、これからの人生を素晴らしいものに変えていきましょう。あなたもこの事実に目覚めてください。そして、一緒に自分の人生を、本心から望む素晴らしいものに変えていきましょう。思いは必ず叶います。それが先達の教えなのですから。

2　目標は長期と短期をセットで

第1節で「まずは目的（＝ビジョン）を立てることが重要です」と触れました。まだ長期ビジョンを手にしていない方もいるでしょう。そんな人のための、とりあえずのお金を増やす目標の立て方、方法をご紹介します。


実は、立てるべき目標は2種類あります。そのことについて少し掘り下げてみようと思います。

結論から言いましょう。目標を立てるときは、長期目標と短期目標をワンセットで考えてください。

なぜ長期目標と短期目標を立てる必要があるのか、疑問に思われると思いますので、順次、ご説明していきます。ちなみに、先にも触れたように、目標ですから、長期目標・短期目標ともきちんと期限を決めます。例えば、株式投資などの資産運用で利益を上げようと思うのであれば、「1年間で3000万円稼ぐ」とか、「毎月複利で10％以上稼ぐ」というように、**具体的な期限**と**明確な目標**を設定します。

まずは短期目標からご説明します。短期目標は、目標を早く達成するうえで必要になります。事実、短期目標を設定すると、目標を達成するスピードが確実に早くなります。このことは、私も実際に経験しています。

◆長期目標と短期目標

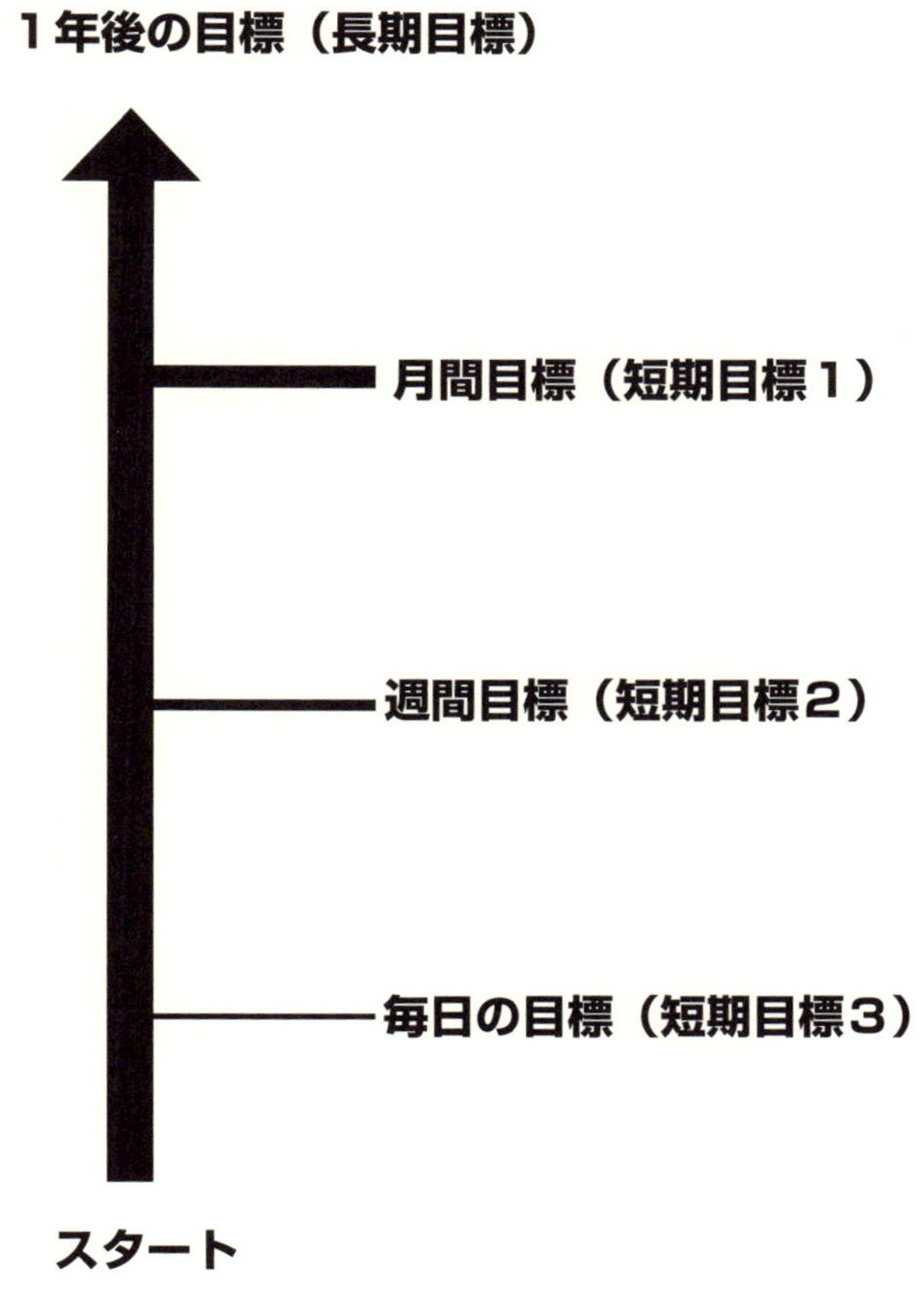

短期目標だけだと油断するので、長期的な大きな目標（1年後の目標）を先に立てて、そこに向けて短期目標（月間・週間・毎日）を設定し、少しずつでも前進しているように仕向ける。例えば、年間の目標を120万円とするなら、月間目標は10万円となり、週間目標は約2万5000円となる。営業日が5日だとすると、毎日の目標は5000円となる。

ただ、短期目標には少しだけ問題があります。短期目標しか立てていないと、その目標を達成した時点で気を抜いてしまったり、燃え尽きてしまう可能性があるのです。
また、高い目標を立てて、その目標に届かなかったときにも失敗したと感じてやる気を失ったり、「できなかった」という悪い記憶を脳に残してしまう可能性もあります。

ここで登場するのが長期目標です。長期目標を置くことの良さは、短期の目標が未達成であっても、長期の目標に一歩でも近づいていることがわかれば落ち込むことがない、というところにあります。
そして、お金の計画の場合は短期目標が当初目的を上回ってきたら、すぐに目標を上方修正することが必要です。さらに、長期目標も上方修正します。なぜなら人間は油断すると、すぐウサギのように休息を取りたくなるものだからです。でも最後に勝つのは亀なのです。一歩でも上を目指して前進をやめない、しつこさ。向上心を持ち続けることが成長の秘訣なのです。

もちろん、長期の目的（＝ビジョン）ですから、途中で変わることはあり得ます。変えていいのです。目的に縛られる必要はまったくありません。それが自由ということですから。しかし、「できないから」ということで夢（＝ビジョン）を見捨てることはやめましょう。違うことがやりたくなったということで変えるのならば、今までの夢もきっとあなたを応援してくれると思います。

3　目標はできるだけ高く掲げる

老後の生活設計のために「いくら資金が必要だ」という話が雑誌に載ったり本に書かれたりしています。例えば、総務省の家計調査年報（平成30年）によると、子ども2人で家族4人のサラリーマン世帯の平均生活費はひとつき約33万円だそうです。また、公益財団法人・生命保険文化センターの生活保障に関する調査によると、高齢者夫婦の最低日常生活費は月額平均で22・0万円。これに対して「ゆとりある老後」を送ろうとするなら月額34・9万円は必要であると言われています（ともに平成28年）。

私が尊敬する、お金儲けの神様といわれる邱永漢氏は「月額100万円を生活費に使えれば、お金持ちの生活と同水準の生活ができる」と本に書いています。私も最初は小さな目標を掲げていました。月額100万円を最終的目標として、最低限でも月額40万円、すなわち年間480万円を稼げれば経済的独立の第一段階の目標を達成したと考えてもよいと思っていました。夫婦2人の場合は月額30万円でいいのではないかと考えていました。子供ひとりに対し5万円を加算すれば、それぞれの家族構成による目標値が算出できると思っていました。

ちなみに私の場合は、子供がいないので夫婦2人となります。ですから、最初（ホームページを作った2002年6月）は年間360万円を資産運用で稼げれば目標達成としていました。その当時、中古ワンルームマンション投資による家賃収入が年間340万円ありました。また、株式配当金が年間60万円（売買することにより配当額は変動します）ほどありましたので、合計すると年間400万円の収入となり、経済的独立を最低限のレベルで達成できていると考えていました。

しかし、仕事上の悩みで会社を辞めることを考え、生活資金の必要額を真剣に計算しなおしたとき、それまで見落としていた健康保険と国民年金の掛け金に気づきました。この負担が結構重いのです。そう考えると、安心して生活するには４００万円ではちょっと足りない、充分とは言えないと思えてきたのです。

そこで、少しでも貯蓄できるレベルを目指そうと妻と話し合いました。「月額50万円、年間６００万円を資産運用で稼げたとき、自分たち夫婦の経済的独立が達成できたものとして、お祝いをしよう」と。結構説得力のある数字だと思いませんか。そう思って私は自分のホームページのトップにそのように書いたのです。


でも、失敗でした。なぜか。その理由がわかりますか。


こんな目標では駄目なのです。目標が低すぎたのです。自分の望まないことは叶わないのです。例えば、太ってしまった人が、真剣に痩せようと思っていなければ痩せられないのと同じです。幸せな結婚生活を望まない人に幸せな結婚生活が訪れることはありません。なぜなら、望んでいないのですから。

同様に、３ＬＤＫのマンションを手に入れることを夢見ている人が、１０００坪の大豪邸を手に入れることはないでしょう。つまり、お金持ちになりたかったら、成功したかったら、幸せになりたかったら、望まなくてはいけないのです。それも目標は高く置かなければなりません。

実は月50万円、年間600万円の運用収入という目標をホームページのトップに書いたとき、私は年初から株で1000万円をすでに稼いでおり、家賃収入も年間340万円入ってくる状況でした。つまり、そのままの状態で、少なくとも年間1340万円の運用収入を手に入れられたわけです。その可能性は充分あったのです。

しかし、「運用収入は年間600万円でいい」とホームページのトップに書いてしまったのです。

その結果、何が起こったと思いますか。

何と年末には株の儲けが1000万円から220万円に減ってしまったのです。私は資産運用合計で600万円という低い目標を見事に達成してしまいました。その後、レオナルド・ダ・ビンチのライバルでもある万能天才のひとり、ミケランジェロの言葉を知ることになります。それは次のような言葉です。


最大の危険は、目標が高すぎて達成できないことではない。

目標が低すぎて、その低い目標を達成してしまうことだ（ミケランジェロ）

もっと早くこの言葉を知っていたら私はこんな悲しい経験をしなくても済んだのです。皆さんには私の失敗の轍《てつ》を踏んでいただきたくはありません。目標は高く設定しましょう。最低でも年間３０００万円くらいを目標にしたいものです。

❷ 普通の人でもバリュー投資ならば資産を増やせる

ひとくちに株式投資と言っても、そのやり方は多岐にわたります。長期投資もあれば、短期投資もあります。ファンダメンタルズを重視した投資法もあれば、テクニカル指標を重視した投資もあります。どれを選ぶのかは、投資家さん自身が自分で決めることになります。例えば、サラリーマンの方であれば、日中は株価をチェックしにくいでしょうから、現実的に、こまめなチェックが必要な短期投資は厳しいでしょう。

このように、自分の生活スタイルや好みに合った投資法を自分で選ぶことが大前提になります。「あるAさんの手法が、必ずしも、あなたに合うわけではない」ということを理解しておく必要があります。

1　バリュー投資とは

デイトレードをはじめとするテクニカル系の投資家とは違い、ファンダメンタルズ分析を駆使して企業の本質的価値を追い求める投資手法の一種、それがバリュー投資です。私たちが憧れる世界有数のお金持ちウォーレン・バフェット氏の投資術でもあります。

バリュー投資を一言で説明すると、「割安株に投資する」ということになります。もちろん、割安度の〝どこ〟に注目するかによってバリュー投資もいろいろ分かれます。

バリュー投資の定義を「投資リターンの源泉を『価値』に求める投資手法」と考えると、これ以外の部分に関する投資スタイルが違うのは当然です。また「価値の推定方法」や「銘柄選択基準」についてもさまざまです。ひとくちにバリュー投資と言ってもいろいろあるのです。


バリュー投資家の憧れの的であるウォーレン・バフェット氏は「自分はベンジャミン・グレアムの影響を85%、フィリップ・フィッシャーの影響を15%受けた」と言っています。

バフェットの師匠であるグレアム氏は、主として、「成長性を加味しない場合の本源的価値よりも大幅に割安に取引されている銘柄を買って、それが本源的価値に戻ったら売却する」という投資スタンスをとっていました。


これに対しもうひとりの師匠であるフィッシャー氏は「成長性を重視してそれを加味した本源的価値が割安な銘柄を買って成長が続いている限り保有しつづける」という投資スタンスをとっていました。

フィッシャー氏のように企業の成長性を定性分析（後述）ではじき出す力があれば大いに利用したい

ところですが、私にはフィッシャー氏のように企業の成長性を定性分析できる自信がありません。

そこで、株式投資を始めた当初は、自分の理解できる定量分析（後述）で投資対象の企業の純資産のバリューを把握する方法をとっていました。企業の「純資産のバリュー」「買収のバリュー」を一番重視する投資スタイルです。

2　私が「バリュー投資をしよう」と思った理由

多くの人はリスクを取ることに恐怖してストレスをためます。ただ、どういうリスクをとることに恐怖（憂鬱）を感じるかは、人によって違うのも事実。当然、ストレスも人によって違ってきます。ですから、「自分にとって胃に穴があくほどストレスが高いと思われるものは何か」をまず考えたほうがよいと思います。そして、ストレスのたまる投資法は避けましょう。

ちなみに、私は、デイトレードは避けました。パソコンの前にずっと座っていることができなかったのです。正直、苦痛でしかありませんでした。私は自分が幸せになるための手段として投資を活用してお金を稼ごうとしています。それなのに、幸せになる手段で不幸せになっていては意味がありませんからね。

もちろん、「株を買ったままにしておくと、夜中に海外で何が起こるかわからないからリスクが高い。そんなリスクを抱えるとストレスがたまってしょうがない」という人はデイトレードを選べばよいと思います。デイトレードをしてストレスのたまらない人は、デイトレードの手法を身につけるのがよいことについては言うまでもありません。

先ほど「それほどストレスを受けない手法もある」とお話ししました。実際、投資の仕方によっては、誰であろうともそれほどストレスもためずに、かつ時間も取られずに投資できる方法があります。それが、私の実践しているバリュー投資と呼ばれる手法なのです。

バリュー投資は、多少のストレスはあったとしても、胃に穴があくようなストレスを感じる投資法ではありませんから、心が非常に弱い私でも楽々実行できます。しかも、それなりの利益を上げられるのです。私のように、心が弱い方には、本当にお薦めの投資手法なのです。

3　一日数時間のバリュー投資ならサラリーマンにもできる

歳を重ねてくると、夜遅く寝ても、朝早く目が覚めてしまうことが多くなります。深夜0時ぐらいに寝ても、なぜか朝4時半には目が覚めます。あまり早く起きると体力が持たないのではないかと考えて、一生懸命もう一度眠りたいと布団の中にいるのですが、どうしても眠れません。仕方なく起き出します。「せっかく起きたのだから無為に時間をすごすよりましだ」ということで、パソコンを開き、まずヤフーファイナンスでニューヨークの市場の状況を確認します。2分とかかりません。

6時を過ぎると、取引に利用しているすべてのネット証券で前日の資産の状況が確認できるようになるので、エクセル表に前日の証券会社の口座残高をインプットし、一昨日と昨日の資産の増減、ならびに株式市場に投入している資金の総額を確認します。大体5分で終わります。

その後、10分くらいかけて注文を出します。毎朝、株式投資に使う時間は20分程度です。本当にたまにですが、作戦を立てるときもあります。その場合も布団で眠れない間に、どうしようか考えてあるのでそれほど悩むことはありません。


会社勤めをしていたころは、株式投資やマーケティング、生産管理などを学ぶ場所はもっぱら通勤に使う電車でした。電車の中で本やレポートを読んだりしていました。

お昼休みには、証券会社の店頭にある「クイック」と呼ばれる証券端末で情報を確認して、携帯でネット証券に売買注文を出していました。今となっては懐かしい思い出です。

家に帰ってきて食事をして、風呂に入ると、あとはパソコンの前に座りますが、パソコンの前にいても、メールや本の原稿書きをしているだけ。株式投資のために時間を使うことはほとんどありませんでした。ただ、原稿の内容が株式投資に関することになるので、本を書くことは知識の再確認をする作業、つまり株式投資の勉強になってはいました。
もちろん、決算短信が出る四半期に一度は有価証券報告書に目を通すため、一定の時間はかかります。でも、平均すると株式投資のために真剣に使っている時間は一週間に4～5時間程度です。ただし、先ほども述べましたように本を書くために使っている時間は一週間に10時間程度はあります。これも株式投資の知識再確認に使う時間だと考えると、合わせて週に15時間程度。1日2時間強の時間が株式投資のために使われていたという状況です。

このように、私が実践しているバリュー投資なら、テクニカル派のトレーダーほどには日々の株価の変動に気を使わなくてもよいわけです。株価が安くなっても売る必要がないからです。つまり、サラリーマンとしての仕事中に価格変動リスクを回避するための売買をしなくてもよいのです。テクニカル派のトレーダーのように、仕事中に株価を気にしなくてもよいのです。だから、サラリーマンのあなたにもきっとできると思います。

❸ 中長期投資のススメ　～景気サイクルを考えた企業分析～

原稿を書いている今（2018年末）、21年ぶりにやってきた「勝ち逃げのチャンス」を最大限に生かす時期が来たと考えていました。そこで、大型株に注目することにしました。
どうして大型株かというと、「これから先、特に2019年は、もしかしたら米国株の大暴落、日本株の大暴落があるかもしれない」と考えているからです。逃げやすい流動性のある大型株にシフトする計画を立てたというわけです。

ここで、「なぜ大暴落が起きる」と思うのかについて書いてみます。
世の中には還暦60年周期、半還暦30年周期、干支12年周期というサイクルがあります。この話を前提に、過去の暴落を最初から並べてみると、131ページのようになります
並べてみるとわかるように、12年、30年、60年、90年となっています。これを見て私は怖くなりました。
若い皆さんは知らないでしょうが、ブラック・マンデーが起こったときは、「ウォール街の大暴落か

ら60年周期にあたる」と大騒ぎになりました。

私の予感だけでは信憑性が低いと思いますので、嶋中雄二氏が新著（『第3の超景気 ゴールデン・サイクルで読み解く２０２５年』日本経済新聞出版社）で指摘していた「日本では4つの景気循環サイクルのピークが２０１８年だ」という言葉も添えておきます。

ここまでの話だけでは「オカルトだ」と言われても多少仕方ありません。そこで、原稿執筆時の今（２０１８年末）、これから起こることも考えてみましょう。

例えば、消費税の増税が現実に施行されたら、日本経済が冷え込むことは、過去の例から見ても容易に想像できます。そして、オリンピックが終わった後には、景気の大きな落ち込みも来るでしょう。

この2つだけでも大きなインパクトがあるのに、もしも、「10年に一度のこと」が起きたら、それも頻発したらどうでしょうか。私の怖さがわかると思います。

勤めていた企業の上司の酷さに嫌気が差して、私がサラリーマンを卒業してから、２０１８年1月末で13年が経過します。

その後、私は専業投資家になり、サラリーマンを辞めてほぼ1年たった２００６年1月16日にライブドア・ショックが発生、日本株が大きく下げました。

ライブドア・ショックとは、２００６年1月16日に証券取引法違反容疑で、東京地検特捜部がライブ

◆主な暴落

A：1929年のウォール街の大暴落

B：1987年のブラック・マンデー
※1929年から58年後、約60年

C：1999年のＩＴバブル崩壊
※ブラック・マンデーから12年後、12年周期

D：2008年のリーマン・ショック
※ブラック・マンデーから21年後、12年周期の約２倍

E：2011年の東日本大震災
※ブラック・マンデーから25年後、12年周期の２倍
※1923年の関東大震災からは89年後
60年周期と30年周期、つまり90年

ドア（現：ＬＤＨ）本社などに強制捜査を行い、これを受けて２００６年1月17日から始まった「日本株式市場の暴落」のことです。

ライブドア・ショックにより、投資家にとってやさしい、それまでの上昇基調が終わり、一気に氷河期がやってきました。


ライブドア・ショックから立ち直りかけた２００８年9月15日にはリーマン・ショックが発生しました。米国の大手投資銀行であるリーマン・ブラザーズ・ホールディングスが経営破たんしたことから、連鎖的に世界的な金融危機が発生しました。

そして、約2年半の時間が経過してリーマン・ショックにより痛手を受けて減ってしまった株式運用資産を取り返したと安心した２０１１年3月11日に、東日本大震災が襲ってきました。福島の原発が被災し、「放射能事故で東京都ですら人が住めなくなる」という流言飛語が飛び交いました。

旧民主党の菅直人内閣が、適切な対応を行えなかったこともあり、日本全体が大混乱に陥り、日本株も大きな下落となりました。


サラリーマンを辞めた後、「10年に一度」という大暴落が数年ごとに発生して、私は株で運用資産を増やすことができなくなりました。

株式投資に関しては、年金スタイルで、フルインベストを続けていたので、この5年間の平均の資産増加は年間1800万円ほどになりました（2012年12月から2017年11月までの5年間で増えた資金を5で割った平均の金額です）。

自分の健康状態や自分の年齢を考え、上がった株を利食いして、大きな税金を払いながらキャッシュに替えています。

マネー雑誌を読むと、株式投資で1億円以上の資金を作った個人投資家がたくさん出てきています。ちょうど12年前と同じようなことが起こっています。

干支は12年周期でできています。私は、「12」という数字には意味があるような気がしています。還暦というと60歳。12年周期を5回経験すると還暦になります。たぶん経済現象も12年サイクルで同じようなことが起きるような気がしています。


景気サイクルも、長短で4つの景気サイクルが知られています。キチンサイクル、ジュグラーサイクル、クズネッツサイクル、コンドラチェフサイクルです。

一番短いキチンサイクルは、在庫と生産の関係をもとにするといわれています。景気が良いときは生産が消費に追いつかず、生産が増えて在庫が減っていきます。しかし、景気が悪くなっていくと、生産と消費のバランスが生産のほうに傾きはじめて、在庫が次第に増えてきます。

景気が良いか悪いかは、生産と在庫の関係によって、ある程度は明らかになります。生産と在庫の関係を数値化したものがキチンサイクルです。キチンサイクルの〝1サイクル〟はだいたい40カ月とされ

◆４つの経済サイクルのイメージ

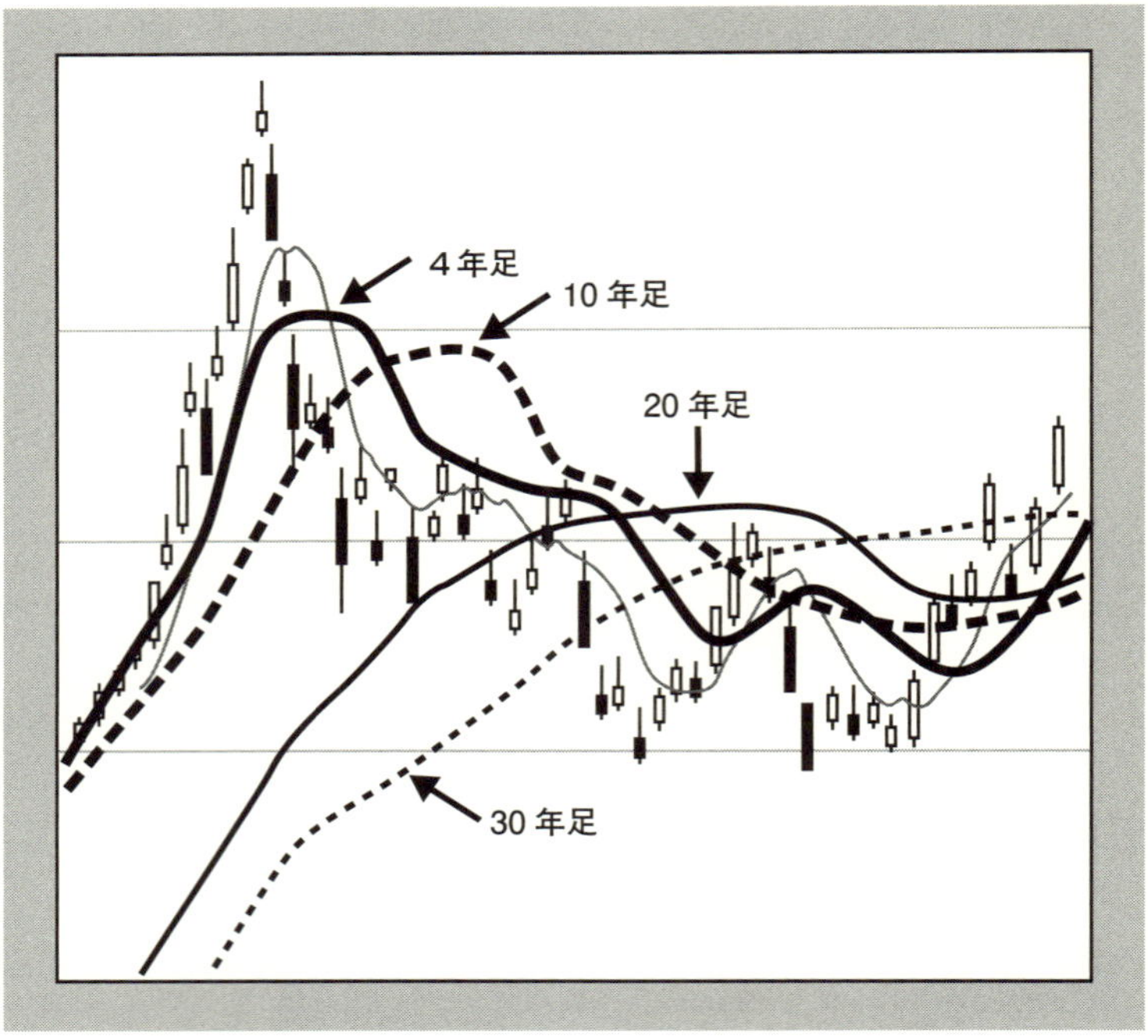

◎４年足 ：キチンサイクルのイメージ
◎10年足：ジュグラーサイクルのイメージ
◎20年足：クズネッツサイクルのイメージ
◎30年足：コンドラチェフサイクルのイメージ

ています。

2番目に長い景気サイクルはジュグラーサイクルと呼ばれています。ジュグラーサイクルは設備投資をもとにするサイクルです。設備投資とは工場などの生産ラインへの投資を指しています。

景気が良いときには、企業は活発に設備投資を行います。工場を積極的に作るということは、物を積極的に作るということです。しかし、工場を作りすぎると、過剰生産が起こり、物が余り出します。そして、景気が悪くなります。

景気が悪いときは、物を作っても売れないため、企業は設備投資に消極的になります。そのために、さらに景気が落ち込んでいきます。

ジュグラーサイクルは企業の設備投資の循環です。私は、これを景気循環の定義としています。1サイクルは10年程度です。正確に10年ではないので、10年程度になる場合もありそうです。短期と長期の景気サイクルの組み合わせで、いろいろな状況が発生しそうです。日本は２０２０年に東京オリンピックが控えているので、設備投資は２０１９年までは好調が続きそうです。

キチンサイクルと、ジュグラーサイクルが重なることで、12年周期の変動が起こりそうな気がしています。私の現状を考えれば、「無理をして株で資金を増やし続けても、自分で作った資金を有効に使える時間がなくなった」と感じたことも、株から現金に資金を移している理由です。

もちろん、株式投資をやめるわけではありません。株式投資をする元気があるうちは、（株式市場に）リスクを晒す金額を少なくしながら短期投資を取り入れて、少ない金額で、従来と同じくらいの利益を作り出すという新しいチャレンジをするつもりです。

❹ 景気サイクルを踏まえた、私の「企業分析の基本的な考え方」

1　資産価値と事業価値を分析する

ここでは、私が企業分析をするために10年間の経験を踏まえ、進化させてきたファンダメンタルズの基本的な考え方を説明します。

まず、大きく、「資産価値」と「事業価値」について考えます。

資産価値については、**定量分析（後述）で収益面を分析し、さらにバランスシート（後述）で財務面を分析**します（収益面については第5節で、財務面については第6節で、詳しく解説します）。

さらに、現在の資産だけを分析するのではなく、過去5年間の利益の変化、5年前のバランスシートと現在のバランスシートを比較して「どれほど資産が増えたか。どれほど借入を減らしたか」などを分析するようにしています。

事業価値については、「企業が将来どれだけの利益を稼ぐことができるか」という未来の収益の総和を計算することになります。バランスシート上には載っていないビジネスモデルや企業の信用力、社長や社員の能力、ネットワークの力などで利益を稼ぎ出せる力を現金換算しなければ計算できません。しかし、これを簡単に算出することは不可能なのです。

そこで、事業価値（＝利益を上げ続ける収益力）を推定するために、過去の企業の経常利益を代用し、4つの経済サイクルのうち、一番短い3年～4年でサイクルを描く在庫循環を参考に、**企業の4年間の平均経常利益を計算して、その5年分、つまり5倍を事業価値と考える**ようにしています。

さらに、**定性分析**（後述）も積極的に行っています（定性分析については第7節で解説）。まとめると、次ページのようになります。

2　注意点

『資産価値』＋『事業価値』の合計である、この『企業のリアルな価値』は、投資家のその企業に投資したいという需要（＝光）によってマーケットのボードに『バーチャルな影（＝株価）』として写し出されます。

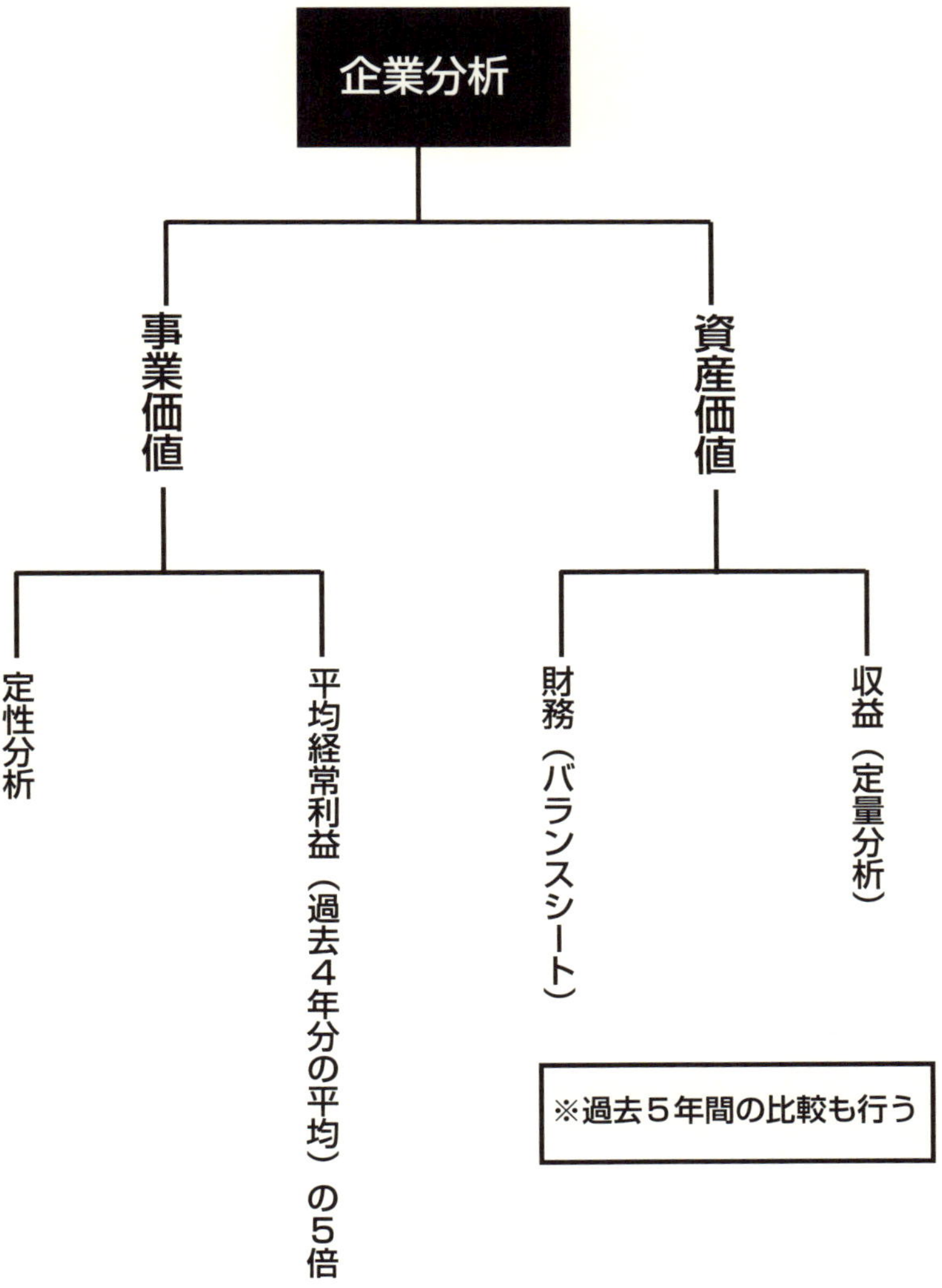
企業分析
事業価値
資産価値
定性分析
平均経常利益（過去４年分の平均）の５倍
財務（バランスシート）
収益（定量分析）
※過去５年間の比較も行う

ただし、その影（＝株価）は、大きく歪んで写し出されることがほとんどです。アベノミクスのスタート後のように光（＝需要）が強ければ大きく、逆にアベノミクスのスタート前のように光（＝需要）が弱ければ小さく歪みます。

なぜか。すでに説明したように、『株価』というバーチャルな影は、欲と恐怖でいびつに磨かれたミスター・マーケット（＝すべての投資家の総意）というプリズムを通過することで大きく歪んでしまうからです。

その歪みを補正して『企業のリアルな価値』を予想するためには、事業内容や資産背景を把握して、理解しておくことが重要になると考えて私は努力しています。

２０１７年は、多くの株が値上がりしました。割安すぎると感じていた企業の株価が、予想以上の上昇を見せ始めました。予想よりもずっと高くなる株も次々に現れています。しかし、まだ割安状態に放置されている企業の株も、たくさんあります。

株式投資などで生き抜いていくには、必要なときに腹八分目で勝ち逃げできることが本当に必要だと考えています。

私がサラリーマンを辞めるまでの日本株式市場は、とても堅調で、私の運用資産も予想以上の増加を見せていました。だから、サラリーマンを辞める決心ができました。

ところが、会社を辞めた途端、日本株式市場は崩れました。温暖な気候から、一気に氷河期に変わっ

◆この絵を頭に叩き込む（再掲）

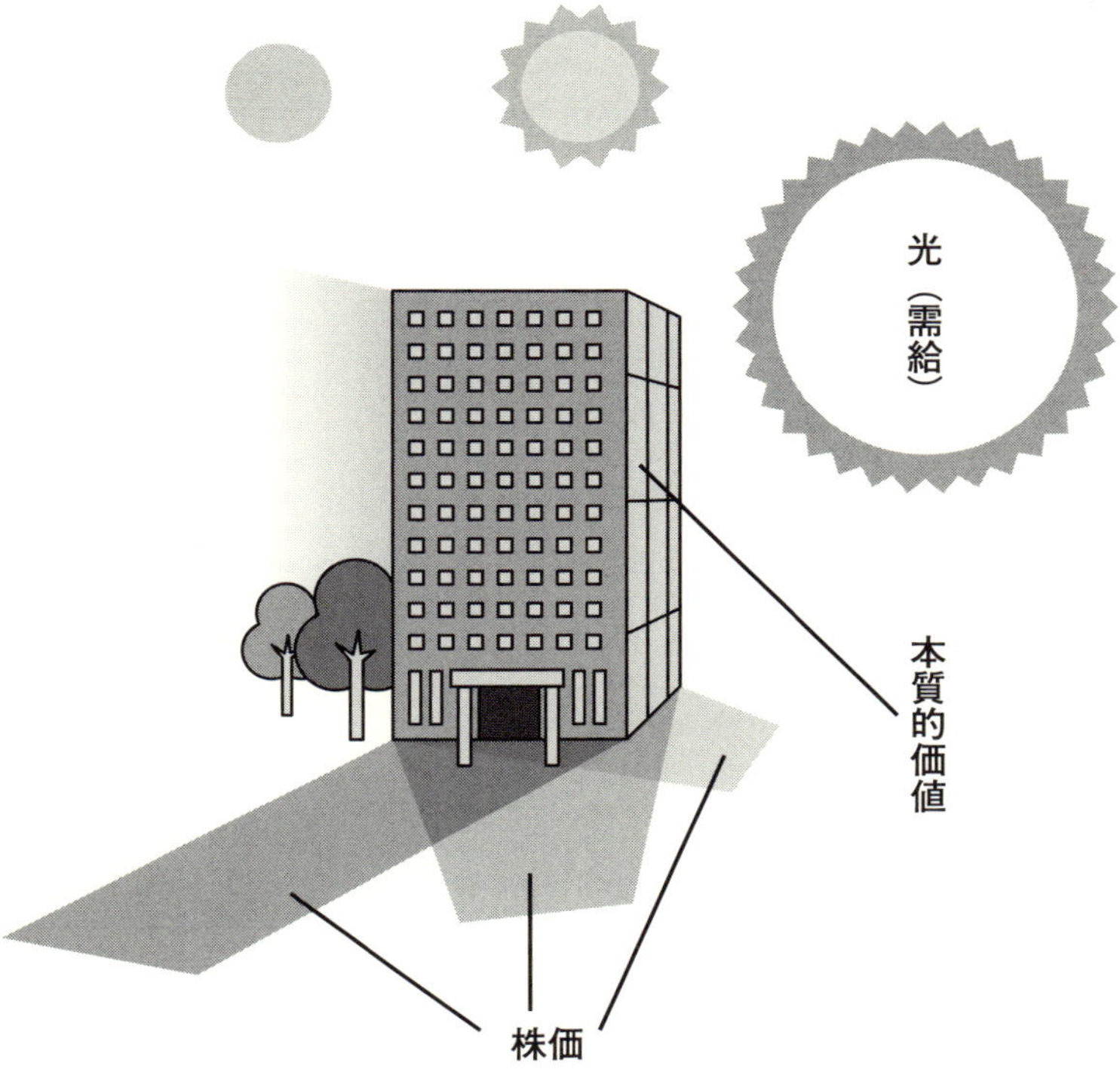

私たちが見ている株価は影にすぎない。注目すべきは建物（企業の本質的価値）のほうである

てしまったような感じでした。

この先、12年前と同じような変化が起きないように願いながらも、もし同じようなことが起きたときには、本書を投資の参考にしていただければと考えています。

5 定量分析で「収益のバリュー」を分析する

1　定量分析とは

収益のバリューについては、定量分析を使います。定量分析とは、企業のファンダメンタルズの評価や投資対象の選択にあたって、数値の面から分析することをいいます。

株式等の選択時では、製品の市場占有率や売上げの変化率といった事業の強さを示す数値、営業利益や経常利益、純利益やROEといった財務指標、PERやPBR、配当利回りといった株価指標、売買高などの流動性を示す指標などを分析します。

株式投資の定量分析に使われている数値は過去のデータであり、将来の結果を保証するものではありません。

ファンダメンタルズ分析では過去の数値から把握します。私は専業投資家になってから、定量分析の方法を少しずつ充実させてきました。

最近では最低でも過去5年（＝ＥＤＩＮＥＴでは過去5年間の有価証券報告書しか開示されなくなったからです）のバランスシートを比較します。

2　割安かどうかの根拠は「解散価値」

バリュー投資とひとくちに言っても、そのバリューの拠り所が何になるかによって、見るべきものは違ってきます。したがって、ファンダメンタルズにおいても、何を重視するかによって注目すべきポイントが変わってきます。そこは、投資家さん自身が考えないといけません。

参考までに、私の投資スタイルを紹介しましょう。簡単な言葉にすると、「中に1万円札の入っている定価２０００円のお財布（＝株）を買う」になります。バリュー投資の一種である〝企業の解散価値〟に注目した投資法のことをこのように呼んでいます。

私が何をしているかを具体的にお話ししましょう。私は自分が一番見分けやすい、その企業が持つ**「現・預金」「上場された有価証券（国債や株など）」「所有する不動産の現在価値」**をバランスシートからはじき出して、その企業の純資産の価値を推定する方法をとっています。簡単に言うと、次ページのようになります。

◆狙うのは中にお金が入っている財布

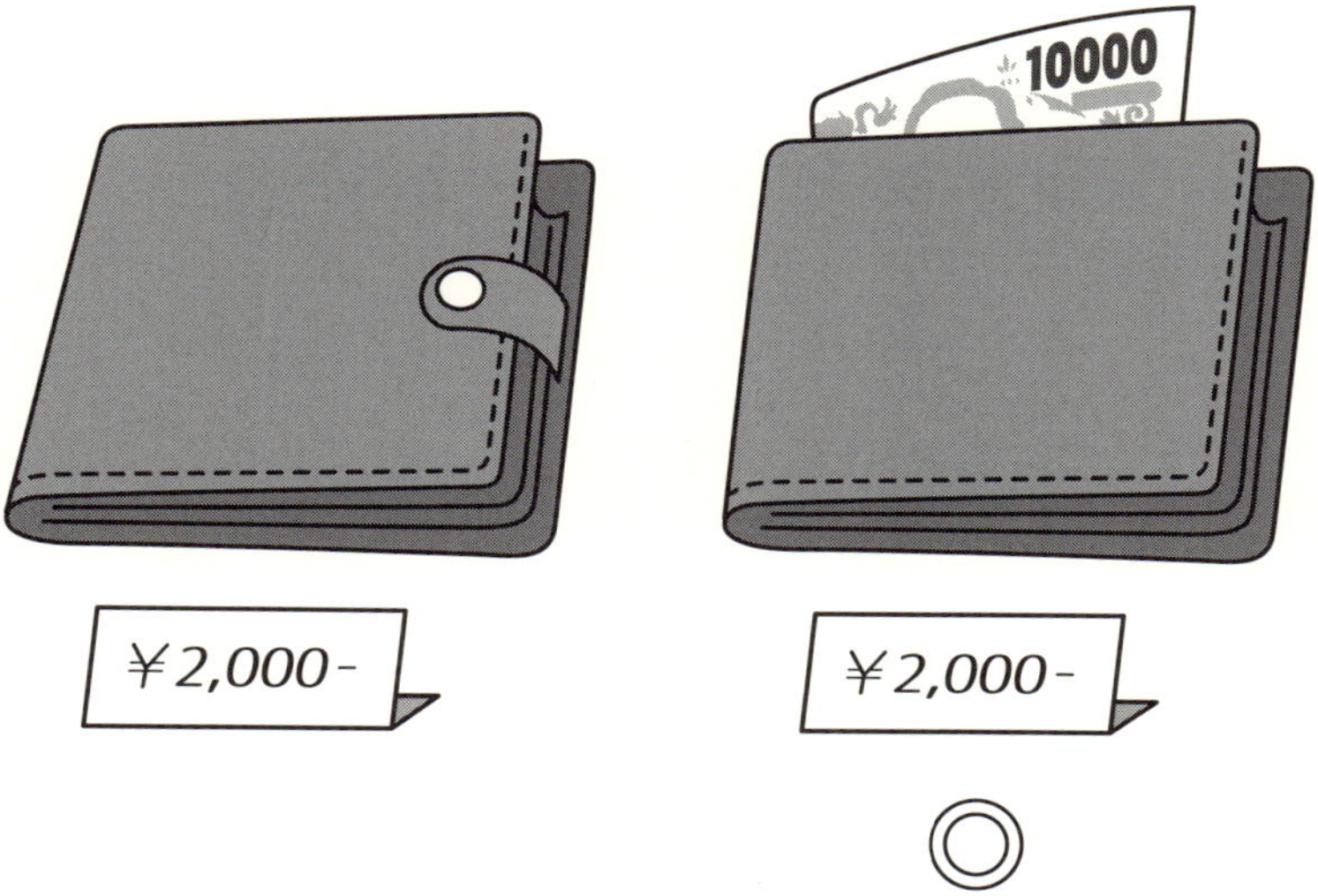

◆解散価値のバリューの測定法
［現・預金＋有価証券の時価＋土地の時価（※）］÷発行株式数＝A
とすると、

◎Aが現在の株価を上回れば割安
◎Aが現在の株価を下回れば割高

となる。
※公示地価や路線価でわかる。これらはインターネットで調べられる

ちなみに、グレアムは固定資産に価値を見出していません。でも、私は不動産が大好きなので、大都市周辺のすぐ売れる不動産には価値を認めています。売ろうと思えばすぐ売れる資産を除外する必要はないと考えています。偉大な投資家の手法に自分流を加味しています。それがオリジナルになるのです。

なお、先述したように、バリュー投資の場合は、「そのバリューの源泉が何なのか」についてもよく確認しておくことが必要です。例えば、フィッシャーのような〝成長性〟に焦点を当てた割安成長株への投資の場合、その成長性に疑問が出れば売らなければなりません。

その点、グレアムのような企業の現在時点の資産価値に注目したバリュー投資の場合は、かなり安心して持ち続けられます。なぜなら、現金や預金はハイパーインフレでも来ない限り、突然、減価することはないからです。立地の良い土地も、需要が期待されることから値下がりが少ないのです。

私は、私自身の基準やバリュー投資家さんのサイトで知った企業のバランスシートを真剣に眺めます。目を皿のようにしてひたすらバランスシートを眺めます。このときの順番は次のようになります。

①すぐお金になる「現金性の資産」をはじき出す
②投資有価証券を調べて時価を調べる
③不動産を調べ、路線価と公示地価と基準地価をネットで確認する

④地図をネットで検索して立地を把握、さらに、土地の時価（＝大都市や地方の中核都市に立地する土地だけ評価し、公示地価などを時価として考えます）を推定する

そして、残りの資産はゼロ評価します。算出された資産価値を時価総額で割るとどのくらい割安かがわかります。もちろん、土地については売ると税金がかかりますが、あくまでも現在の資産価値を把握するためなので税金を控除するなどの遊びはしません。個人投資家に企業買収は無理なので、そんなことをする意味がないと考えているからです。

3　最低限調べておくべき定量分析の指標とは

定量分析は、公表されている資料を参考に、機械的にスクリーニングできるので比較的容易です。パソコンがずいぶん進歩したりなど、スクリーニングしやすくなったからです。

しかし、機械的にできるスクリーニングの成果など、たかが知れています。好成績の投資信託などほとんどないという事実がその証明です。大事なのは、調べた結果を知恵に変えて、かつ利用して稼ぐことなのです。

でも、機械的スクリーニングをまったく利用しないのも問題です。場当たり的な企業選択をして、無

駄な時間を取られないためにも、大切な指標の２つ～３つくらいは理解していたほうがよいと思います。

参考までに。これくらいで十分稼げるという、私が利用している指標をご紹介します。

①ＰＥＲ（株価収益率）

ＰＥＲは、**「時価総額÷当期利益」**、または**「株価÷１株当たりの利益」**で算出する数字です。

株価と企業の収益力を比較して、株の投資価値を判断する指標です。今の株価は１株当たりの利益の何倍になっているかを表す指標です。

別の観点から考えると、ＰＥＲは「投資した額を単純利回りで、何年で回収できるか」を示している指標でもあるわけです。

例えば、１００万円預金して毎年10万円の利息が発生すると（年利10％ということです。話を単純にするためここでは税金を無視します）、10年で１００万円の利息を生むことになります。つまり10年で元金が倍になったわけです。

しかし、この数値は株価が変動すれば変わってきますし、過去の利益を使うか、将来の予想利益を使うかによっても変わってきます。どの数字を使うかは投資家の好みによりますが、多くの投資家は今期の予想利益を使うようです。つまり、誰にもわからない未来を予測して企業の価値を計っていることになります。

また、ＰＥＲは、その企業が毎年生む税引き後の利回りの逆数も表しています。

②修正ＰＥＲ

バリュー株は現・預金や上場された投資有価証券などのように、現金にすぐ変わる資産をたくさん持っていることが多いです。その企業を買収した途端に、企業の持っている現金性資産によって投資額を回収したと考えられることもよくあります。そこで私は修正ＰＥＲとして、

修正ＰＥＲ＝（時価総額－現・預金－投資有価証券）÷当期利益

という指標を計算します。「何年で投資額を回収できるか」をより実態に即して判断できます。

また、投資利回りを考えるときも、この修正ＰＥＲを利用しています。そのほうがバリュー投資の基準としては意味があると考えています。

例えば、同じ時価総額２００億円のＡ社とＢ社があったとしましょう。当期利益も同じ20億円だとし

ましょう。ＰＥＲを計算するとＡ社もＢ社も同じ10％となります。

ここで、Ａ社は豊富なキャッシュを貯め込んでいて１００億円持っていたとします。Ｂ社は10億円しか持っていなかったとします。さて、これらの企業の価値は同じでしょうか。「どちらかの企業をあなたにあげる」と言われたら、どちらの企業をもらいますか。

私なら当然キャッシュリッチのＡ社をもらいます。その差を数字で表すのが修正ＰＥＲなのです。つまり、修正ＰＥＲを計算するとＡ社は（２００－１００）÷２０＝５。Ｂ社は（２００－１０）÷２０＝９・５となります。


投資額を回収する期間は短いほど有利なので修正ＰＥＲは数字が小さいほど良いということになります。企業によっては修正ＰＥＲがマイナスになります。それは、買収した途端におつりが来る企業です。

「小さい企業ならそんなことがあっても、大企業ではないだろう」という勘違いをしてはいけません。

例えば、豊田自動織機。れっきとした大企業です。トヨタ自動車グループの発祥企業です。だからトヨタ自動車はじめ、トヨタ自動車グループの株をたくさん持っています。その時価総額を合計すると、豊田自動織機の時価総額を軽く超えてしまいます。豊田自動織機を今の時価で買収できれば、投資額をトヨタグループの株を売って回収すれば、数千億円の投資有価証券と全世界にある収益性の高い工場をタダで手に入れることができるのです（もちろん、そんなことがあれば、株価は数倍に膨れ上がるでしょうが……）。

③ＰＢＲ（株価純資産倍率）

ＰＢＲは**「株価時価総額÷株主資本」**、または**「株価÷1株当たりの純資産」**で算出する数字です。株主資本は会社を清算したとき株主に返還される資産です。株価が清算価値の何倍かを表す指標です。一般的には1倍以下なら割安と言われていますが、資産の中に不良性のもの（価値のないもの）があるので、一概にはそうとも言い切れません。

④ネットキャッシュ比率（簿価）

キャッシュリッチ度を計る指標のひとつです。
ネットキャッシュとは、余剰金融資産から有利子負債を引いたものです。借金を返済したあと余剰金融資産がいくら残るかを見る指標です。このネットキャッシュが株主資本の何％を占めるか（大きいほど良い）を計る指標です。つまり、株主資本に占める現金性の純資産の割合を見るわけです。

ネットキャッシュ比率（簿価）＝（余剰金融資産－有利子負債）÷株主資本

⑤ネットキャッシュ比率（時価）

これもキャッシュリッチ度を計る指標です。ネットキャッシュの株式時価総額に対する比率を見る指標です。株価の評価のうち、ネットキャッシュが占める割合を見るわけです。この比率が１００％を超えるとネットキャッシュが時価総額以上にあることになり、その株価で買収できたとするならば買収したとたんに儲かることを意味します。買収しようと動き出した途端に株価は暴騰するでしょうが……。

ネットキャッシュ比率（時価）＝（余剰金融資産－有利子負債）÷株式時価総額

私は、定量分析として利用する指標はこれくらいで十分だと思っています。機械的にスクリーニングするには、これくらいの指標を使えばいいと考えます。
なお、指標を使うときは、「指標はあくまでも物指しであり、それ以上のものでないこと」をよく理解しておく必要があります。バリュー投資初心者の中には、指標が割安だと、「その株を買えば儲かる」と勘違いしている人もいますが、そうではないのです。

指標には株価を動かす力はありません。指標には、株価が高くなることを計る力はないとしっかり理解しておくことが必要です。株価が高くなるには、その株自体に株価が高くなる要素が必要なのです。だから、私は機械的スクリーニングにすべてを依存しません。指標はあくまでも物指しに過ぎないことを忘れてはいけません。

4 実例紹介（トピー工業）

ここまでお話ししたように、私は企業の解散価値、つまり解散したときのキャッシュリッチ度に注目しています。その実際の例をトピー工業で見てみましょう。

①トピー工業の情報

◎２０１８年８年10日の終値は３２３５円
◎自社株を除いた時価総額は３２３５円×２３４８万１９６９株＝７５９・６４億円
◎２０１９年３月期の一株予想利益２８９・５８円。ＰＥＲは１１・２倍
◎６月末一株純資産４６３４・８８円。ＰＢＲは０・７０倍
◎自己資本比率は３９・０％

②２０１３年３月期から２０１８年３月期までの売上高の推移と２０１９年３月期の予想

２０１３年３月期	２２６９・１２億円
２０１４年３月期	２３４６・８２億円
２０１５年３月期	２３７６・７７億円
２０１６年３月期	２１５８・７２億円
２０１７年３月期	２０８２・３７億円
２０１８年３月期	２３０４・６２億円
２０１９年３月期（予想）	２８３０・００億円

③２０１３年３月期から２０１８年３月期までの経常利益の推移と２０１９年３月期の予想

２０１３年３月期	６２・３４億円
２０１４年３月期	４４・８５億円
２０１５年３月期	６０・３７億円
２０１６年３月期	８８・０６億円
２０１７年３月期	６１・１６億円
２０１８年３月期	８０・３４億円

２０１９年３月期（予想）　１０１・００億円

④２０１３年３月期から２０１８年３月期までの純利益と一株利益の推移。そして２０１８年３月期の予想（注：トピー工業は２０１６年10月に10株を一株に統合しているので、それ以前の一株利益は10倍して調整しています）

◎純利益（カッコ内は一株利益）
２０１３年３月期　３４・０９億円（一株利益　１４３・７６円）
２０１４年３月期　１９・１４億円（一株利益　８０・７６円）
２０１５年３月期　２３・６０億円（一株利益　９９・６５円）
２０１６年３月期　１７・００億円（一株利益　７１・８０円）
２０１７年３月期　７１・９１億円（一株利益　３０３・９０円）
２０１８年３月期　５５・００億円（一株利益　２３４・２５円）
２０１９年３月期（予想）　６８・００億円（一株利益　２８９・５８円）

５年前の２０１３年３月期と２０１８年３月期を比較すると売上高で１・０１倍。経常利益で１・２９倍。純利益で１・６１倍という増収増益となっている企業です。

資産状況についても、２０１３年３月期のバランスシートの主要科目と２０１９年３月期の第１四半期、つまり２０１８年６月末のバランスシートの主要科目を比較してみます。

◆2013年3月期

（資産の部）資産合計　2087・81億円
◎現・預金１９９・１４億円
◎投資有価証券２５５・６６億円
◎受取手形及び売掛金４２２・５１億円
◎在庫２４０・８５億円
◎土地１７６・１８億円
◎建物等３１６・６１億円
◎設備等２９２・６０億円

（負債の部）すべての負債1175・22億円
◎有利子負債５３５・３４億円

◆2018年6月期

（資産の部）資産合計　2789・71億円（701・90億円増加）
①現・預金296・10億円（96・96億円増加）
②投資有価証券300・40億円（44・74億円増加）
③受取手形及び売掛金568・37億円（145・86億円増加）
④在庫424・54億円（183・69億円増加）
⑤土地174・75億円（1・43億円減少）
⑥建物等349・68億円（33・07億円増加）
⑦設備等428・74億円（136・14億円増加）
（負債の部）すべての負債1690・16億円（514・94億円増加）
⑧有利子負債776・77億円（241・43億円増加）

注）「現・預金」や「投資有価証券」等の番号（①～⑧）は158ページ～159ページの決済短信の番号に対応

◆トピー工業　決済短信　負債の部

（単位：百万円）

	前連結会計年度 （平成30年３月31日）	当第１四半期連結会計期間 （平成30年６月30日）
負債の部		
流動負債		
支払手形及び買掛金	26,324	31,632
電子記録債務	17,694	19,569
⑧短期借入金	17,356	40,251
⑧1年内償還予定の社債	5,000	5,000
リース債務	582	789
未払法人税等	1,715	1,016
その他	14,218	19,423
流動負債合計	82,891	117,682
固定負債		
⑧社債	20,800	15,800
⑧長期借入金	17,940	16,626
リース債務	875	1,265
繰延税金負債	494	1,342
執行役員退職慰労引当金	158	115
役員株式給付引当金	28	52
役員退職慰労引当金	42	33
定期修繕引当金	248	276
退職給付に係る負債	11,249	12,118
資産除去債務	276	277
その他	3,238	3,425
固定負債合計	55,351	51,333
負債合計	138,242	169,016
純資産の部		
株主資本		
資本金	20,983	20,983
資本剰余金	18,652	18,652
利益剰余金	63,302	63,756
自己株式	△1,734	△1,735
株主資本合計	101,203	101,657
その他の包括利益累計額		
その他有価証券評価差額金	7,970	8,418
繰延ヘッジ損益	△9	△3
為替換算調整勘定	31	△1,010
退職給付に係る調整累計額	△235	△224
その他の包括利益累計額合計	7,756	7,178
非支配株主持分	899	1,118
純資産合計	109,859	109,955
負債純資産合計	248,102	278,971

◆トピー工業　決済短信　資産の部

2．四半期連結財務諸表及び主な注記

（1）四半期連結貸借対照表

（単位：百万円）

	前連結会計年度 （平成30年3月31日）	当第1四半期連結会計期間 （平成30年6月30日）
資産の部		
流動資産		
① 現金及び預金	23,179	29,610
③ 受取手形及び売掛金	53,253	56,837
④ 商品及び製品	17,572	22,718
④ 仕掛品	5,503	6,622
④ 原材料及び貯蔵品	12,452	13,114
その他	6,600	5,841
貸倒引当金	△65	△89
流動資産合計	118,495	134,654
固定資産		
有形固定資産		
建物及び構築物	85,948	90,797
減価償却累計額	△57,633	△61,436
⑥ 建物及び構築物（純額）	28,315	29,361
機械装置及び運搬具	186,638	196,193
減価償却累計額	△145,132	△153,319
⑦ 機械装置及び運搬具（純額）	41,506	42,874
⑤ 土地	15,897	17,475
リース資産	3,493	4,183
減価償却累計額	△2,172	△2,621
リース資産（純額）	1,320	1,561
⑥ 建設仮勘定	3,871	5,607
その他	38,586	42,268
減価償却累計額	△37,290	△40,486
その他（純額）	1,295	1,781
有形固定資産合計	92,206	98,661
無形固定資産		
のれん	－	3,224
その他	3,078	3,253
無形固定資産合計	3,078	6,477
投資その他の資産		
② 投資有価証券	29,351	30,040
長期貸付金	469	470
繰延税金資産	1,342	1,431
退職給付に係る資産	365	377
その他	2,852	6,916
貸倒引当金	△60	△57
投資その他の資産合計	34,321	39,178
固定資産合計	129,606	144,317
資産合計	248,102	278,971

わかったことを箇条書きにすると、以下のようになります。
◎総資産が７０１・９０億円増加したのに対し、負債総額は５１４・９４億円増加しています。有利子負債は２４１・４３億円増加しています
◎現・預金は９６・９６億円増加しています。投資有価証券は４４・７４億円増加しています
◎受取手形及び売掛金は１４５・８６億円増加しています
◎在庫は１８３・６９億円増加しています
◎土地は１・４３億円減少しています。建物等は３３・０７億円増加しています。設備等１３６・１４億円増加しています
◎過去の利益で受取手形及び売掛金は１４５・８６億円増加、在庫は１８３・６９億円増加。短期性の営業資産を合計で３２９・５５億円増加させています
◎また有形固定資産のうち、設備等を２９２・６０億円と大きく増加させています
◎自社株を除いた時価総額は７５９・６４億円（３２３５円×２３４８万１９６９株）です
◎トピー工業のすべての資産からすべての負債を引いても１０９９・５５億円の資産が残ります
※総資産２７８９・７１億円－すべての負債１６９０・１６億円＝１０９９・５５億円
◎総資産２７８９・７１億円のうち現・預金が２９６・１０億円、投資有価証券３００・４０億円。現金性資産が５９６・５０億円あります

◎総資産に占める現金性資産の割合は21・3％です
◎すぐ現金に変わる短期性の営業資産である受取手形及び売掛金568・37億円。在庫424・54億円の合計の992・91億円で、有利子負債776・77億円をフルカバーしています

以上のことに加え、トピー工業は創立98年と歴史の古い企業であること、賃貸不動産の含み益は131・63億円、自社使用の工場の土地など個別の住所が確認できた土地の含み益も877・07億円あるなど、時価総額以上の土地含み益を持っていることも強みと言えます。

（2018年3月期の有価証券報告書の賃貸不動産に関する開示）
◎簿価　　600・05億円
◎時価　　191・68億円
◎含み益　131・63億円

以上のことから、トピー工業は資金繰りに余裕がある企業であることがわかります。
私は専業投資家時代より、企業の無借金という有利子負債（＝借入金等＋社債）だけではなく、その企業の流動負債＋固定負債（＝他人資本＝自己資本以外のもの）と、その企業の金融資産、1年以内に現金になる『売掛金及び受取手形』、さらに在庫が、その企業の流動負債＋固定負債よりどれほど大きいかでリアル・キャッシュリッチ度を計算し利用しています。

6 バランスシートで「財務のバリュー」をスピード分析するコツ

本節では財務についてお話ししていきます。収益がいくら良くても、財務の状態がガタガタであれば、いつ崩れてもおかしくないわけですから、あえて投資する必要はありません。その意味では、財務についても把握しておく必要があります。

ただ、財務については、企業のバランスシートを調べて、所有している資産の価値を査定しなければなりません。そのため、時間が少しかかります。

すべての上場企業についてそんな時間と労力をかけられる調査機関はありません。マネー雑誌もありません。そこに個人投資家の付け入るスキができます。自分が気になった企業についてのみ、その内容を精査すればいいのです。

以上を踏まえて、ここではバランスシートを見て、「この企業の財務内容は良いか、それとも悪いかを1分で判断しろ」と言われたらどうするのか。その判断の仕方を学んでいただきたいと思います。

「バランスシートの左側と右側には何が表示されているかをひと言で言ってください」と質問されたら、皆さんは何とお答えになるでしょうか。

ご存知の方もいらっしゃると思いますが、説明します。バランスシートの左側には企業の資産が表示されています。現・預金や受取手形、在庫、建物、土地など、「目に見えるもの」が表示されているのです。企業が調達したお金がどのように運用されているかを表しています。

一方、バランスシートの右側には、資産（＝運用されているもの）を賄っているお金の出どころが表示されています。

バランスシートを見るときは個々の科目の内容を細かく見ていくとともに、大雑把にバランスシートを俯瞰《ふかん》することも必要になります。バランスシートを左右同時に見ることによって、その企業の財務構造を理解することができるからです。

「お金が運用」された具体的な姿を「資産」と言います。そして「お金の出どころ」には「他人のお金＝負債」と「自分のお金＝資本」があり、負債のほうを「他人資本」、資本のほうを「自己資本」というわけです。

それではバランスシートを一目見て、その企業の財務内容を判断する場合の着眼点を説明します。

1　バランスシートを見るときの第一の着眼点は「自己資本比率」

利益が上がらないと自己資本比率はどんどん悪化していきます。「自己資本比率が低い＝ほとんどの資産は他人のお金でまかなわれている」ことを意味します。設備や関係会社への投資（固定資産）も、毎日の営業活動のために必要な在庫や売掛金・受取手形などの運転資金（流動資産）も他人のお金、つまり借入金というわけです。

借入金で資産を賄うことは、売上金のいかんにかかわらず時間に比例して大きな金利が発生していることになります。わかりやすくいうと、不況期には風邪を引きやすい体質というわけです。風邪は万病のもとです。こじらせると死に至る（＝倒産する）こともあります。

また、設備資金や運転資金の借入金の返済に常に追われることになり、資金繰りが苦しい財務体質を端的に表す指標でもあるわけです。

自己資本比率＝自己資本÷総資本×100
数字の大きい（比率が高い）ほうが財務内容が良い

2　バランスシートを見るときの第二の着眼点は「支払能力」

まずバランスシートを上下に分け、その上半身を見ます。「すぐにお金になる資産」と「すぐに支払わねばならない負債」の差（流動資産と流動負債の差）を見るのです。その差が「支払能力」を表わします。欧米ではこれを「net working capital（正味運転資本）」と呼んで、この動向を非常に重視しています。

金融機関でも流動資産と流動負債の比率（流動資産÷流動負債）を流動比率と呼び重視しています。流動比率は短期不況抵抗力の指標とされています。

流動比率＝流動資産÷流動負債×100

数字の大きい（比率が高い）ほうが財務内容が良い

次に、バランスシートの下半身を見ます。流動比率による支払能力は、バランスシートの上半身を見ればわかりました。それでは、バランスシートの下半身は何を表しているのでしょうか。

バランスシートの下半身は「長期的な財務の安定性＝企業の長期的な体力」を表しています。ここを見るときは、まず「固定資産」対「自己資本」に着目します。

なぜなら、固定資産は設備投資などの「長期にわたって固定化したお金の運用」を表しているからです。流動資産のように短期間にお金に換えることはできないのです。したがって、固定資産のお金の出どころは「返済しなくてよいお金」である自己資本に依るのが安全だと言われています。

固定資産対自己資本を比率で表したものを「固定比率」と呼びます。年々の設備投資によってこの比率がどのような傾向を示すかを見ることで、企業の長期的な体力（長期不況抵抗力）を知ることができるのです。


固定比率＝固定資産÷自己資本×100　数字の小さい（比率が低い）ほうが財務内容が良い

この2つの着眼点を参考にバランスシートを見ることで、ほぼ一目でその企業の財務を判別できるようになります。特に、大急ぎでバランスシートを判断するときは比率をはじくよりも、「固定資産と自己資本の金額の差、流動資産と流動負債の金額の差を見るとよい」と言われています。どちらが大きいか。それによって感覚的にその企業がどんな財務体質を持っているのかを掴むことができます。

財務内容の悪い企業、不況抵抗力の弱い企業に投資する必要はありません。パッとバランスシートを見て財務内容が悪かったら投資しなければよいのです。その企業は、その時点で投資対象候補から外して、それ以上は調べません。

もちろん、問題がないように見えても、その資産の内容が腐っている場合があります。会計トリックを使って、いろいろお化粧している企業があるわけです。そんなお化粧を見破るためにも、専門的な財務内容の知識をぜひ学んでいただきたいと思います。

ちなみに、バリュー株はバランスシートがすごくきれいです。厚化粧というよりも、むしろ不美人に見えるように泥でお化粧していることがあるので、少しくらい計算ミスをしても大丈夫です。すっぴんの顔を見たら本当は美人だったという間違いですから（笑）。

ここで、すごく財務内容の良い企業のバランスシートを見てみましょう。マブチモーターの過去のバランスシートです（170ページ～171ページ参照）。


皆さん、流動比率、固定比率、自己資本比率をそれぞれ計算してみてください。さらに流動資産と流動負債の差額（流動資産－流動負債）、固定資産と自己資本の差額（自己資本－固定資産）を計算してみてください。比率と金額のどちらを早く計算できるか。そして、どちらが自分にとってより実感としてとらえやすいかを感じてみてください。私の場合は金額で感じたほうがよりリアルなので、差額を見ることにしています。

ちなみに、複雑なバランスシートの企業を見たらすぐに投資をあきらめます。そんな企業を分析する時間的余裕はないからです。もっとわかりやすいバリュー株はほかにもたくさんあります。わからないものには投資しない。これは、稼げる投資家になるための鉄則のひとつでもあります。

	2010/12/31	2018/12/31	2019/3/31
負債の部			
流動負債			
支払手形及び買掛金	3,739	6,376	5,566
支払法人税等	424	1,812	1,321
賞与引当金	214	265	819
役員賞与引当金	37	161	29
その他	4,871	9,832	7,705
流動負債合計	9,286	18,448	15,442
固定負債			
株式等給付引当金		117	223
退職給付に係る負債	387	2,259	2,243
資産除去債務		17	17
繰延税金負債	5	1,393	1,571
その他	1,158	359	277
固定負債合計	1,551	4,147	4,333
負債合計	10,838	22,595	19,776
純資産の部			
株主資本			
資本金	20,704	20,704	20,704
資本剰余金	20,419	20,419	20,419
利益剰余金	203,625	212,594	210,629
自己株式	△ 49,105	△ 7,400	△ 10,400
株主資本合計	195,644	246,318	241,353
その他の包括利益累計額			
その他有価証券評価差額金	△ 257	2,020	2,619
繰延ヘッジ損益		△ 37	△ 61
為替換算調整勘定	△ 20,817	△ 3,074	△ 1,535
退職給付に係る調整累計額		△ 897	△ 871
その他の包括利益累計額合計		△ 1,988	151
新株予約権		124	124
純資産合計	174,570	244,454	241,629
負債純資産合計	185,408	267,050	261,405

◆マブチモーター

	2010/12/31	2018/12/31	2019/3/31
資産の部			
流動資産			
現金及び預金	63,765	113,066	106,469
受取手形及び売掛金	11,449	23,909	23,623
有価証券	21,488	2,500	1,500
商品及び製品	10,574	25,014	24,027
仕掛品	940	98	1,305
原材料及び貯蔵品	4,574	9,696	9,215
その他	2,652	4,823	5,003
貸倒引当金	△ 224	△ 104	△ 61
流動資産合計	115,221	179,902	171,083
固定資産			
有形固定資産			
建物及び構築物	38,764	48,936	49,428
減価償却累計額	△ 22,782	△ 27,275	△ 27,715
建物及び構築物（純額）	15,982	21,661	21,712
機械装置及び運搬具	33,254	59,856	61,483
減価償却累計額	△ 25,749	△ 29,744	△ 31,051
機械装置及び運搬具（純額）	7,504	30,111	30,431
工具、器具及び備品	11,877	18,278	18,856
減価償却累計額	△ 10,432	△ 13,758	△ 14,263
工具、器具及び備品（純額）	1,445	4,519	4,592
土地	6,022	6,633	6,635
建設仮勘定	821	11,099	12,357
有形固定資産合計	31,775	74,025	75,730
無形固定資産	482	1,109	1,114
投資その他の資産			
投資有価証券	36,146	9,208	10,775
長期貸付金	59	453	452
繰延税金資産	869	825	785
その他	986	1,558	1,498
貸倒引当金	△ 133	△ 33	△ 33
投資その他の資産合計	37,928	12,012	13,477
固定資産合計	70,186	87,147	90,322
資産合計	185,408	267,050	261,405

7 事業価値のバリューを分析する　～定性分析について～

134ページで触れたように、事業価値（＝利益を上げ続ける収益力）のバリューについては、4つの経済サイクルのうち、一番短い3年～4年でサイクルを描く在庫循環を参考に、企業の4年間の平均経常利益を計算し、その5年分を事業価値と考えています。

さらに、企業の中期経営計画をじっくりと読み、この企業の経営陣はビジネスをどの方向で展開するのかも確認するようになりました。いわゆる、定性分析も取り入れています。

1　定性分析とは

定性分析とは、企業などの分析をする場合に、または企業のファンダメンタルズ分析の評価にあたって、企業の選択・検討時に企業のバランスシートや過去の利益の数値に表れない部分を分析することを言います。

現在の状況が、将来も継続するのか、変化するのかを推測するための材料として、定性分析が用いられます。「現在の企業の利益が、たとえ不調であっても、定性分析により、企業の将来の業績が良くなる。または、現在時点の業績が、さらに良くなるか」などの推定に利用します。

現在の業績が好調ならば「現在の好調は良好なそれらに支えられているから、（それらに）変化がなければ好調な状況が持続するのではないか」といった推測を、定性分析によって行います。


株式投資を始めた当初は定量分析しかできず、定性分析は無視して、資産のバリュー株を追いかけていました。しかし、海外展開をする企業の土地の含み益は情報がないので、評価に使えません。

企業が割安かどうかは持っている土地の含み益や投資有価証券の額だけでは決まりません。また、これから着実に伸びる分野の事業をやっていたとしても、その先行投資の負担から、利益が落ちることもよくあります。事実、少しでも前年の同期比でマイナスだと、外資が売りを仕掛けて、それにイナゴ投資家が群がって、一気に株価が下落することも頻繁に起こるようになりました。

ファンダメンタルズ分析は投資家の需給を分析するものではありません。ファンダメンタルズ的にどんなにバリューであったとしても、需要がなくなり、売りたい投資家（＝供給）が増え、外資が下げを仕掛けてくるとフリー落下を始めます。企業に資産価値や事業価値があったとしても、買い手がおらず、売り手ばかりになると株価は下げるしかありません。私が定性分析を始めた理由は〝そこ〟にあります。

定性分析は、最初は難しいと思います。そこで、実際に、私が手がけた銘柄を見ながら、そのポイントを探っていきましょう。

2　事例1（東鉄工業）

東鉄工業はＪＲ東日本の東北新幹線などの保線や新設を担当する鉄道工事を主力とするゼネコンです。受注工事のうち、８割がＪＲ東日本の鉄道関連工事になります。

ＪＲ東日本の東北新幹線や在来線の運行が安全に行われるために必要不可欠な企業です。鉄道を基盤から支える仕事をし、事業の安定性も非常に高いです。

東鉄工業は鉄道の保持・強化を目的に、設立当時の鉄道省の要請によって設立された国策企業の一社です。東鉄工業は関東地方の建設業者が企業合同し、国策会社「東京鐵道工業株式会社」として設立されました。

東鉄工業は線路・土木・建築部門をコア3事業としています。なかでも、鉄道関連工事の高い専門技術を持っていることが最大の強みです。

他社にはない、「線路事業」という特化した事業部門があり、最大の鉄道線路メンテナンス工事シェアと『高性能』な大型保線機械保有台数を誇り、線路保全による鉄道の安全・安定輸送に貢献しています。

その他、線路下横断工事や防災、耐震補強工事の豊富な実績および新工法の開発により、鉄道土木工事、耐震補強に強みを発揮しています。

得意とする駅関連施設、マンション部門を足場にリニューアル、非住宅市場での業務を拡大中です。排水処理事業や、コケ植物を利用した緑化事業の展開等を通じ、地球環境保全にも貢献しています。

東鉄工業を私が評価する最大の理由は、「2018年4月27日に『2018年度設備投資計画について』というIRを発表した、売上高の80％を超える主力先のJR東日本の設備投資額が、連結で2017年度実績比約940億円増の6450億円、単体では2017年度実績比約720億円増の5250億円になる計画」というところにあります。

主な設備投資の内容を東鉄工業のIRから引用させていただきます。

◆

●駅ホームの安全性向上に向けホームドア整備を進め、京浜東北線では有楽町駅・秋葉原駅・御徒町駅等、総武快速線では新小岩駅において使用開始します。
●大規模地震対策や踏切事故対策等の安全対策を着実に進めるとともに、老朽設備の更新や首都圏における電気設備の強化等の安定輸送対策も確実に実施していきます。
●お客さまに安心してご利用いただくため、車内防犯カメラの設置、駅・車両留置箇所・線路沿線・電気関係設備のセキュリティ強化等の対策を継続して推進します。
●お客さまにより快適に鉄道をご利用いただくために、新幹線および中央線特急の車内に無料公衆無線LAN設備を順次整備します。また、すべてのお客さまによりわかりやすく安心して鉄道をご利用いただくために、駅ナンバリングの導入を引き続き進めます。
●E7系新幹線車両を上越新幹線に順次投入するほか、E235系車両の山手線への投入、E353系特急車両の中央線への投入を引き続き進めます。また、モノレール車両の新造も行います。
●東日本大震災による被災線区の復旧に引き続き取り組みます。常磐線の不通区間については、2019年度末までの運転再開に向けた工事を引き続き実施します。
●千葉駅の「ペリエ千葉」グランドオープン(2018年6月)のほか、品川駅、渋谷駅、横浜駅、東京駅、新宿駅等の大規模ターミナル駅開発、「竹芝ウォーターフロント開発」「川崎駅西口開発」等の大規模複合型まちづくり計画を進めます。
●「ホテルメッツ秋葉原（仮称）」、「五反田駅東口ビル（仮称）」のほか、中央線三鷹～立川間の高架下空間を活用した「中央ラインモール」の開発、子育て支援施設の展開、駅ビル・エキナカ店舗のリニューアル等を推進し、沿線価値の向上をめざします。
●「ノーザンステーションゲート秋田（アリーナ計画）」「札幌ホテル（仮称）」等、地方中核都市の活性化や事業エリアの拡大を進めます。

◆

ＪＲ東日本の設備投資計画は、毎年発表されますが、長期的な補修計画などは事前に国土交通省に報告されます。修繕引当金を計上するためです。

例えば、２０１６年2月17日には、10年以上先の２０３１年からスタートし、10年間かけて行われる『新幹線鉄道大規模改修引当金積立計画の提出に関するお知らせ』が発表されています。総事業費は10年間で１兆４０６億円です。

これから実施される補修計画の資金も過去に積み立てられてきており、そのうえに新たに新設される工事があります。

そして、その計画は東鉄工業の中期経営計画に事前に反映されているので、ある程度把握できます。

（事例）東北新幹線レール交換プロジェクト

開業から35年が経過し、交換時期を迎えた東北新幹線のレール交換作業に、世界初の「新幹線レール交換システム（通称REXS）」を導入し、2017年度より本格運用を開始しています。

工事区間は大宮〜郡山間の約180㎞（上下線で360㎞）。2017年度〜2026年度の10年間で交換予定です。1年当たり15〜20㎞（上下線で30〜40㎞）を施工し、北上しながら工事を進めていく計画です。

○東鉄工業の中期経営計画「東鉄工業　中期経営計画」で検索）です。
http://www.totetsu.co.jp/ir/1835_20150528_managementplan.pdf
この中期経営計画は、毎年修正されて発表されます。

（1）特に注目した定性分析

①東鉄工業は財務指標にかかる経営事項審査Y評点（＝公共工事の入札に参加する建設業者の経営状況を国土交通省が定めた基準により表す財務指標）で２０１５年まで7年連続でトップの評価を得ています（東鉄工業の中期経営計画に開示されています）。

（参考）

経営事項審査は、建設業法第27条の23に規定されている制度で、審査基準日現在の建設業者の経営規模、経営状況、技術力、社会性などを総合的に評価する制度です。

一定の公共性のある施設、または工作物に関する建設工事を発注者から直接請け負おうとする建設業者は、この経営事項審査を受けなければなりません。

②ＪＲ東日本に対する売上高が多いことと、特命受注の割合が高いことから業績が安定していること。最初に確認したように、売上高のうち、ＪＲ東日本に対するものは８１・９％（２０１７年3月期）となっています。

ａ：売上高のうちに占めるＪＲ東日本の推移
２０１２年３月期　８４・４％
２０１３年３月期　８０・０％
２０１４年３月期　８０・１％
２０１５年３月期　８６・７％
２０１６年３月期　８４・３％
２０１７年３月期　８１・９％

ｂ：土木工事（＝線路工事等）の特命受注の割合は７０％を超えています。
２０１２年３月期　８７・４％
２０１３年３月期　８３・７％
２０１４年３月期　７４・６％
２０１５年３月期　７７・６％
２０１６年３月期　７８・２％
２０１７年３月期　７９・４％

③建設工事のうち、特命受注の割合はだいたい30％以上です（注：一般の民間工事や公共工事が増えると、特命受注の割合は減るので土木工事ほどではありません）。

２０１２年３月期　８２・７％
２０１３年３月期　５７・８％
２０１４年３月期　２３・７％
２０１５年３月期　２２・５％
２０１６年３月期　３５・７％
２０１７年３月期　４１・９％

東鉄工業は、工事受注方法の分類について、２０１５年３月期より、見積書提出会社が複数である場合にはすべて競争として取り扱うことに変更いたしました。これにより、２０１４年３月期についても、新分類方法に変更のうえ開示しています。

東鉄工業の利益率が他の総合ゼネコンと比べて良好な理由は、「線路が敷設されたならば、それが使用され続ける限り、保線が永続的に必要になるところ」にあります（※東鉄工業は、鉄道の保線用に、全国に地区割りで設立された国策企業）。ストック型ビジネスモデルの色彩が強い企業であることが一番大きな要因であると考えます。

軌道（＝レール）工事には、大きく分けて、保線作業と敷設工事の2種類があります。保線作業とは、鉄道の安全、正確さ、快適な乗り心地を確保するために、メンテナンスを施す重要な業務です。この工事がストック型ビジネスとなります。その線路を利用する限り保線作業が発生します。この作業のほとんどは最終列車から始発列車までの間、深夜に実施されます。

鉄道の線路は長期間多くの列車が走行すると、レール表面に疲労している部分が発生します。疲労している部分を放置すると、通常よりレールの寿命が短くなってしまうので、一定の周期で取り除くことが重要となります。東鉄工業や第一建設工業のような鉄道専門ゼネコンは保線のために、1台10億円もするような専用の大型保線機械（＝特種車両）を所有して線路の敷設工事などを行っています。また、線路の疲労した部分を削って除去できるレール削正車も保有しています。ＪＲ各社の担当地区のレール削正を実施してレール寿命の延伸を図っています。

東鉄工業は日本一の保有台数を誇る高性能な大型保線機械をフル活用し、新幹線・在来線において、マルチプルタイタンパーによる道床つき固め、レール削正などの線路メンテナンス工事を行っています。

東鉄工業は１９８０年代後半から保線作業の機械化を進めてきました。現在、高性能な大型保線機械の保有台数や稼働力は、我が国ナンバー1です。

東鉄工業は、東日本大震災による被災の大きかったＪＲ東日本の表日本側の地域を主要なテリトリーとしています。ＪＲ東日本管内の新幹線レール削正業務では高シェアを確保、鉄道線路メンテナンスシェアは日本の業界で第１位の企業です。

電車や列車はレールなどのメンテナンスを規則正しく行わないと安全に運行できません。このことを考慮すると、メンテナンスを行う企業が、レールを敷設するほうが効率的なメンテナンスを行うためには有効でもあります。したがって、東鉄工業に対して、特命で敷設工事（＝新線工事）の発注が集中することには合理的な理由があると考えます。

東鉄工業は、さまざまな軌道構造に対応できる高い技術力を有し、メンテナンスの削減、乗り心地の良さ、環境面に配慮した敷設工事を行っています。軌道の工事には、高い仕上がり精度を要求され、特殊な技術が必要です。

東日本大震災によって大きな被害を受けた東北地方のＪＲ東日本の鉄道復旧工事を受け持つことで、東鉄工業の売上高や利益は着実に成長しました。今後も被災地以外の耐震工事や安全工事が計画されていることを考えると、東鉄工業の事業は成長していくと期待できます。

また、私鉄各社の大規模な難工事についても受注することが多いです。ＪＲ東日本の安全を支えた高い技術が私鉄からも評価されているのです。以下、事例を紹介します。

（事例）京王線調布駅付近連続立体化工事

発注者：京王電鉄（株）
竣工年月：２０１１年（平成23年）５月
本工事は、京王線調布駅付近連続立体化工事に伴うラダーマクラギ軌道新設（軌道1工区）で、工期は平成22年9月から23年5月までの間で、施工場所は京王線柴崎駅から京王八王子線西調布駅間および京王多摩川駅間です。
連続立体（地下トンネル）交差化に伴い、18カ所の踏切道を解消するとともに8カ所の都市計画道路を立体化する事業で、交通渋滞の解消になります。

東鉄工業がサービスを提供している企業は、ＪＲ東日本という日本の物流を支えている大企業です。そして、東鉄工業のサービスがないと、ＪＲ東日本は電車の運行が不可能です。
このような定性分析を行うことで、東鉄工業の事業の将来性が予想できます。

3　事例２（ブリヂストン）

ブリヂストンは世界トップのタイヤメーカーです。タイヤ業界で２００８年からシェア世界一を続けており、ゴム会社としての売上も10年以上、世界一の地位を維持している企業です。

もちろん、ブリヂストンが作っているのはタイヤだけではありません。ブリヂストンはタイヤ以外にも多角化事業を推進しています。

ゴムを使用した工業用コンベアベルトをはじめ、ゴムとはまったく関わりのないウレタンフォームやＦＲＰ素材の開発にもブリヂストンの技術が活かされています。他にも、半導体関連部品やＯＡ機器部品等、ブリヂストンの技術力はさまざまなところで活躍しています。

２０１３年から２０１４年までの日本のゴム業界企業の売上高を元にしたデータを紹介している次のウェブサイトを見ると、ゴム業界において、最も高い業績を収めているのは、ブリヂストンで、そのシェア率は５６・４％、売上高は３兆５６８０億円だとわかります。

この資料を見たとき、私も驚いたのですが、ブリヂストンは日本のゴム業界全体の市場の50％を超える売上高を１社で稼ぎ出していたのです。

しかし、何といっても、タイヤ事業がブリヂストンの収益の多くを稼ぎ出していることも事実です。

ブリヂストンは米国でタイヤや他の製品を一番多く作っています。トランプ大統領による中国を最大のターゲットにした関税戦争（貿易戦争）で日本企業の株価、特に流動性の高い輸出株の株価には下落圧力が高まり、少し上げてはすぐに押し下げられる状況が続いています。

ここで、ブリヂストンの製造拠点を確認すると、世界的に見て米国内が一番多い状況になっています。米国、メキシコ、カナダの３国の貿易協定が維持されることになった北米における製造拠点が圧倒的に多いです。

トランプ大統領の関税戦争でマイナスの影響を受けてしまう企業がある中、業績に対するプラスの影響が大きな企業だと判断しています。

ブリヂストンの世界の製造拠点を示すサイト（https://www.bridgestone.co.jp/corporate/outline/facilities/index.html）を見ると、「世界に持つ１６３の製造拠点のうち、米国内に40の製造拠点（米州には53拠点）を持っていること」がわかります。

①タイヤ工場
世界に持つ77の製造拠点のうち、米国内に15の製造拠点（米州には24拠点）を持っています。

②原材料工場
世界に持つ17の製造拠点のうち、米国内に15の製造拠点を持っています。

このように、米国内の製造拠点が圧倒的に多いところにブリヂストンの強みがあります。

確かに、トヨタなど完成車メーカーも米国に生産工場を持っていますが、海外で製造した完成車や、米国工場で自動車を作るための部品を海外から米国に輸出して、自動車を作り上げて米国内で販売することも多いです。

ブリヂストンも、輸入分のタイヤはありますから、その部分ではダメージを受ける可能性もあります。でも、ブリヂストンのタイヤは、高品質・高価格のものが多く、米国内で価格破壊を先導しているわけではありません。

米国でよく問題になるのは、低価格の中国製タイヤの輸入が増えることです。だから、トランプ大統領の政治的ターゲットになるとしたら中国製タイヤの輸入であって、米国生産比率の高い（輸入もありますが……）ブリヂストンのタイヤが制裁のターゲットとなるリスクは低いと考えています。

仮に、安い中国製タイヤの輸入が減ると、米国内でタイヤ価格が上昇しやすくなります。ということは、ブリヂストンが米国内で生産するタイヤには、むしろ恩恵があると考えました（例えば、今まで100円で販売していたものを200円で販売できるようになるので、結果として利益が増える可能性もあります）。

私は、ブリヂストンのIRに質問してみました。そこで、わかったことは、米国内でのタイヤの販売シェアはブリヂストン、ミシュラン、グッドイヤーの3社がトップを競い、ほぼ13％程度で並んでいるということでした。つまり、世界シェアはブリヂストンがトップを維持しているということです。

米国での「タイヤ売上高　ランキング　２０１５年（２０１６年8月発表）」のちょっと古い記事を紹介します（http://www.jdt-news.co.jp/news/6391/）

第１位　ブリヂストン（ブリヂストン　２０１３年から２０１５年まで３年連続でトップです）
第２位　ミシュラン
第３位　グッドイヤー

米国のタイヤの販売市場では、合従連衡《がっしょうれんこう》が２０１８年になって激しくなってきています。

タイヤメーカーでは、更新タイヤ（取替え用のタイヤ）の利益率が、新車用タイヤより高く、更新タイヤが重要な収益源となっています。

考えれば当たり前のことです。販売数の多い完成車メーカーに対しては、卸売りや小売りのタイヤ価格よりもマージンを下げて、つまり安く売らなければなりません。しかし、アフターマーケットで販売するタイヤならば、マージンを確保して売ることが可能です。

ブリヂストンのＩＲによると、２０１７年１２月期に続き、今期（２０１８年12月期）も新車用のタイヤが好調すぎて、アフターマーケットで売るタイヤが不足してしまったということです。それが通期の業績予想を下方修正した理由のひとつです。

つまり、ブリヂストンですら、タイヤの生産が間に合わずに海外からタイヤを輸入しているということなのです。ということは、ブリヂストンが消えてなくなると、ミシュランでもブリヂストンの穴を埋めることは不可能になります。もちろん、ミシュランが消えると、ブリヂストンでも、その穴を埋めることが不可能だということでもあります。

完成車メーカーに売っているタイヤに関しては、原材料のゴム価格が上昇したら、販売額を見直す契約になっています。

一方、卸売りや小売り業に販売する更新用のタイヤに関しては、ゴム価格が上がっても、契約による条項でタイヤ価格を上げるわけにはいきません。そのため、極端な利益率の差はなくなっているようですが、それでも利益率は高いです。

更新タイヤは、世界の自動車保有台数が拡大していることを理由に、新興国を中心に安定的に成長しています。この点でも、自動車の完成車メーカーよりも、タイヤメーカーには恩恵があります。

米国内に関して情報を集めてみると、ブリヂストン、グッドイヤー、ミシュランなどが「アフターマーケットの売上確保と利益拡大を狙って販売網を共同で構築する提携を発表する」というニュースが注目されるようになりました。

◎2018年1月　住友商事がアフターマーケットのタイヤ販売事業をミシュランと統合すると発表しました

住友商事は100％子会社であるTBCに関しては、小売り事業で苦戦しています。実際、2014年3月期以降は赤字が続いていました。2017年3月期に2億円の黒字に転換することができましたが、2018年3月期も8億円の利益にとどまる見通しだということです。

そこで、北米で小売り・卸売り事業を手掛ける住友商事の100％子会社TBCと、ミシュランの北米での卸売り事業を手掛ける子会社タイヤ・センター（TCi）を統合すると発表しました。

統合後のTBCの株式100％を保有する持ち株会社を新設し、「住友商事とミシュランの折半出資とする。ミシュランは株式取得費用として約6億3000万ドル（約710億円）を住友商事側に支払う。3月末までの契約完了を目指す」というものです。新会社は米国でのシェアは第2位となるようです。

これは「予定通りに7月に完了している」ということを、今回、IRに確認しました。各子会社がそれぞれ保有する卸売網を統合して、2018年半ばに新会社TireHub・LLC（タイヤハブ）を共同で立ち上げました。

IRに質問したら、この新会社は卸売り業なので、単純にミシュラン・住友商事連合の会社とは比較できないことがわかりました。ただ、ブリヂストンのIRは、「米国内の小売販売網のシェアを開示していないが、店舗数はブリヂストンが一番多い」と話してくれました。

北米ではトラック・バスと乗用車の新車用のタイヤ需要が伸び続けています。現地での生産は新車用で手一杯で、トラック・バス向けのタイヤについては、「補修用タイヤを日本やタイから輸出しているが追いついていない」という状況だと、ブリヂストンのＩＲは次のように説明していました。


「下期にかけ効率化を進め、（補修用の）生産能力を確保する」［江藤彰洋最高財務責任者＝ＣＦＯ（当時）２０１８年12月よりＣＯＯ］としていましたが、利益率の高い補修用タイヤの構成比率を増やし、利益を伸ばす計画が想定ほど進まない見通しです。

欧州やアジアではタイヤの値上げが遅れています。新興国通貨はアルゼンチンペソの下落で同国の事業の利益がブリヂストンの円換算で目減りするとのこともあります。

また、原油高でタイヤの原料である合成ゴムなどの価格も上がっています。ただ天然ゴムが前期より安価で推移しており、原材料ブリヂストンの減益や増益の要因となることもあります」

ブリヂストンの江藤ＣＦＯ（当時）は「石化系原材料がさらに上がれば転嫁する」と、２０１７年12月期に続いて２０１８年12月期のタイヤの値上げにも含みをもたせています。

米国は鉄鋼・アルミニウムの輸入関税を引き上げています。江藤CFOは「スチールコードの生産に使うワイヤロッドは、切れにくい加工が必要で、米国内ではほとんど調達できず輸入せざるを得ない」と話しています。

影響が長引く場合の対策として、「米国内で調達できるワイヤロッドから今と同じ品質のスチールコードを生産する研究をしている」というように、現地調達の準備もしているようです。

為替と業績の関係ですが、利益すなわち損益計算書の数字は、例えばドル円だと、1年間の毎日の中値の平均レートで計算されます。期末のバランスシートの海外資産や売掛金などの資産は、期末のドル円のレートで計算されます。

すると、バランスシート（BS）と損益計算書（PL）の数字が合わなくなりますが、その部分は為替調整勘定で修正されます。

この点に関しては、ブリヂストンのIRに質問したところ、「期末のバランスシートの海外資産や売掛金などの資産は、期末のドル円のレートで計算されますので、BSとPLの数字が合わなくなりますが、その部分は為替調整勘定で調整しています」と確認できています。

このように、自分で定性分析した後、その企業の中期経営計画をじっくり読んで、その企業が事業展開をどのように進めているかをさらに確認します。これが2018年末時点の私の定性分析の手法です。

第3章
株式投資で儲けた利益のシフト先を考える

1 株式投資の利益のシフト先はインフラファンドへ

1　不動産投資の魅力は薄らぐ

ここまでお話しさせていただいたように、株式投資の利益でワンルームマンションを買うなど、株式市場とは異なる市場に資金を移すことで、総合的に資産を運用してきました。

今も、そうかというと、利益を違う市場にシフトしていること自体に変わりありませんが、その投資対象は変わりました。

まず、不動産に投資することは控えています。家賃収入が、毎年のように下がっていくこと、老朽化が進んだことで修繕費も増えたこと（修繕積立金が2倍以上に値上げされました）など、投資対象としての魅力が薄くなってきたからです。

マルコー（マンション投資大手。1991年8月、会社更生法申請）が倒産し、いろいろな企業に買われては、別の企業に転売され、サブリースも家賃代行も条件が次々に悪化してきました。

サブリースというのは不動産賃貸企業にワンルームを賃貸し、不動産賃貸企業が実際の賃借人に転貸する形式です。

賃貸市場の悪化でしょうか、賃借人が退室すると1カ月分の家賃は得られなくなる契約になっています。1カ月超の空室リスクは不動産賃貸企業が引き受ける形式ですが、その代わり、家賃は直接賃貸人に貸す賃料よりも低く設定されています。

それでは家賃収入が少なくなるので、一部のマンションについてはサブリースを私が賃借人と直接契約する形式に切り替えました。そのため、長期間空室を埋めることができないこともありました。

賃借人が夜逃げしたり、生活保護を受けている方が賃借人になったり、外国人が賃借人になったりなど、いろいろなことが起こりました。追い打ちをかけるように、賃貸期間短縮の傾向が強くなり、結果、賃借人が代わるたびにコストがかかるようになりました。

このようなことを冷静に考えると、株式投資の利益を不動産に移すことのメリットが感じられなくなってきたのです。


今は、Jリートが増えて、インフラファンド（インフラ投資法人）も出てきました。表面上の利回りはワンルームマンションのほうが高いですが、ワンルームマンションも売るときには仲介手数料、司法書士の手数料、契約の場所への交通費など、多くのコストが掛かります。

空室リスクや手間の多いことを考えると、Ｊリートが増えている今、不動産に投資するよりも、インフラファンドに投資したほうがよいと考えています。

２　主なインフラファンド

先述したように、原稿執筆段階の今、不動産価格の暴落や、清算する時点のコストの高さ、年々減り続ける家賃収入と管理費の上昇で表面上の利回りが高い（＝原子力発電所と同じ）現物不動産投資をやめています。

その代わりに、ビジネスモデル的に「今後10年程度は高い価格で大手電力会社に電力を買ってもらえる太陽光発電」へのインフラファンドと、日本では今後ますます需要が高まる物流施設に特化したＪリートに２０００万円を投資しています。今後10年間の年間の配当利回り６％以上を目指すことに決めました。

不動産の売却代金はキャッシュで残し、今まで持っていた株を売って、これらのファンドを買っています。主なインフラファンドは１９７ページ〜１９８ページの通りです。

○カナディアン・ソーラー・インフラ投資法人
6カ月決算で、6カ月ごとに3600円の配当予想です。2019年12月期の配当利回りは7.48％です。

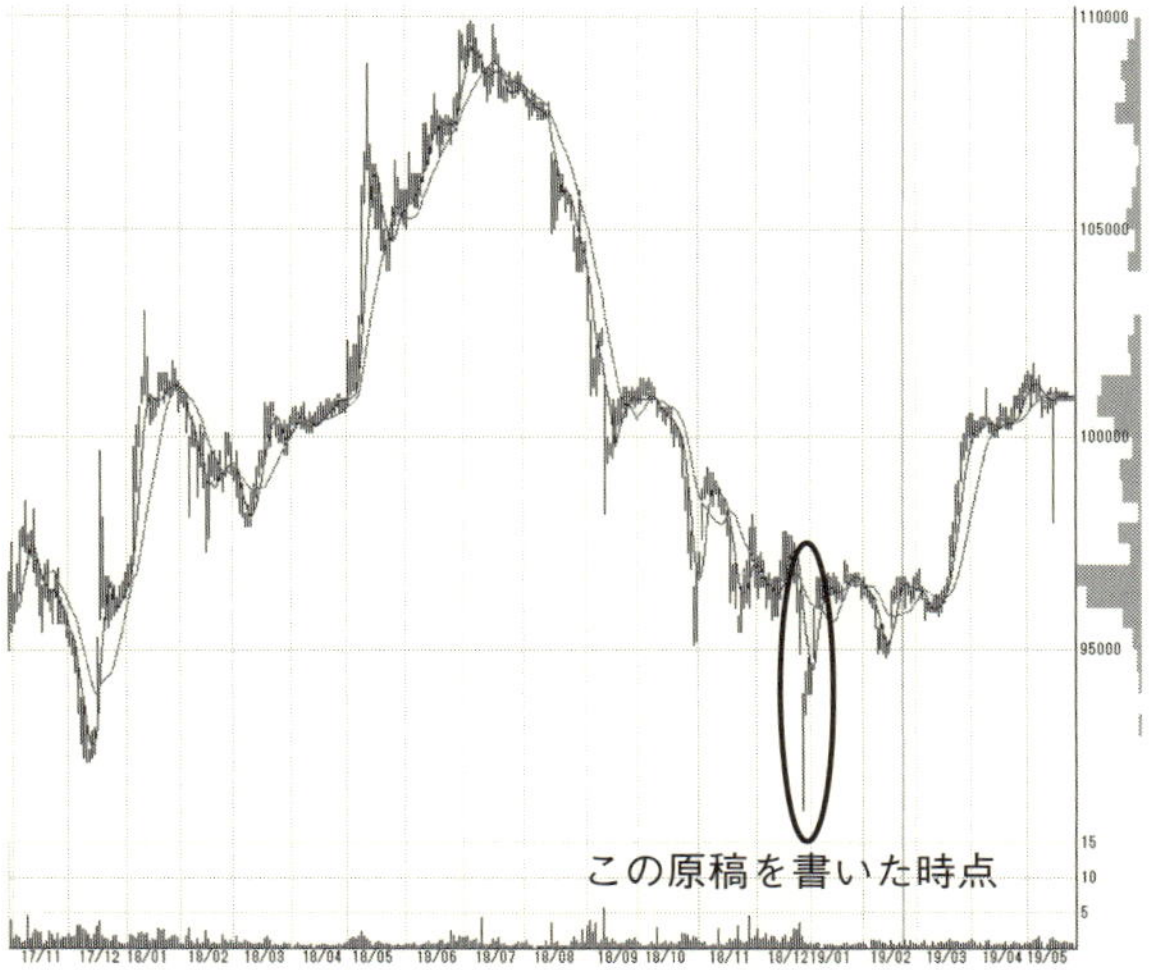

◎ザイマックス・リート投資法人
6カ月決算で、6カ月ごとに配当が支払われます。2019年2月期（2期分合計しています。2018年から2019年2月までの計算です）の配当利回りは5.40％です。

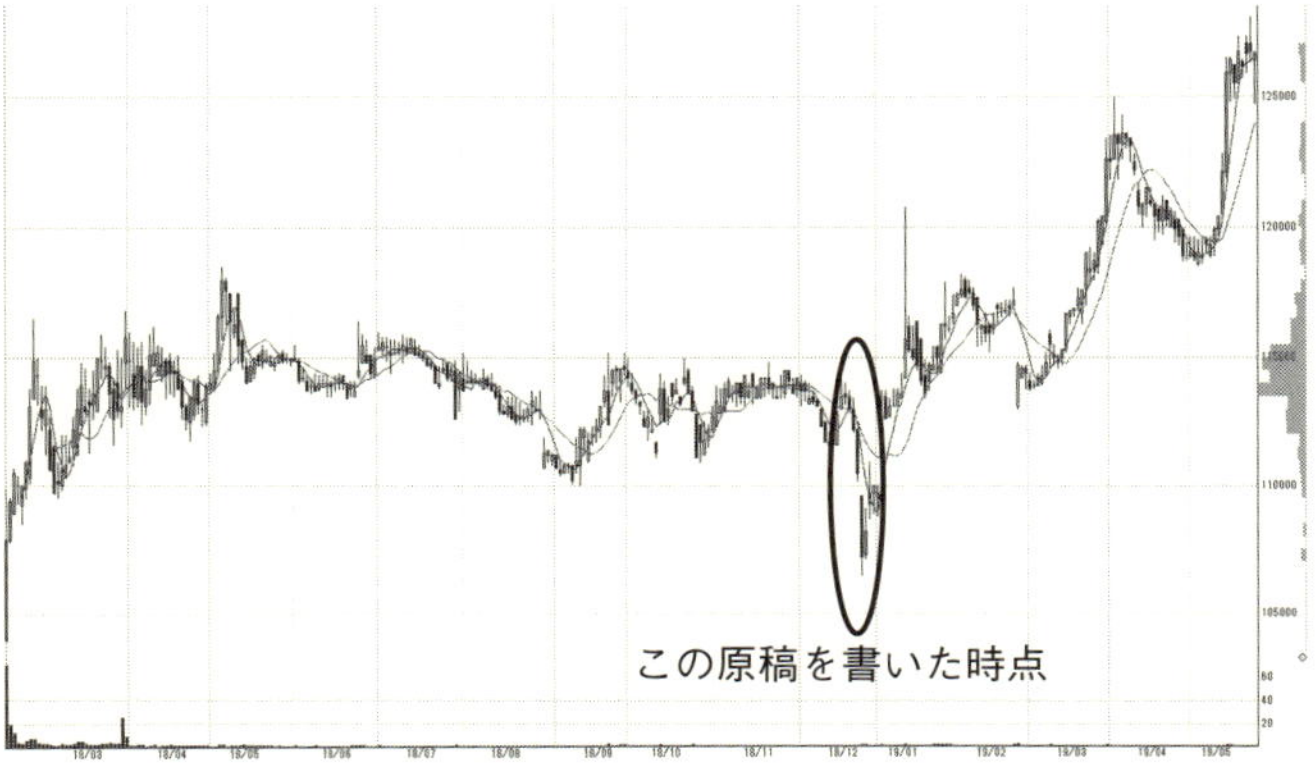

○ＧＬＰ投資法人
６カ月決算で、６カ月ごとに配当が支払われます。2019年２月期（２期分合計しています。2018年から2019年２月までの計算です）の配当利回りは4.66％です。

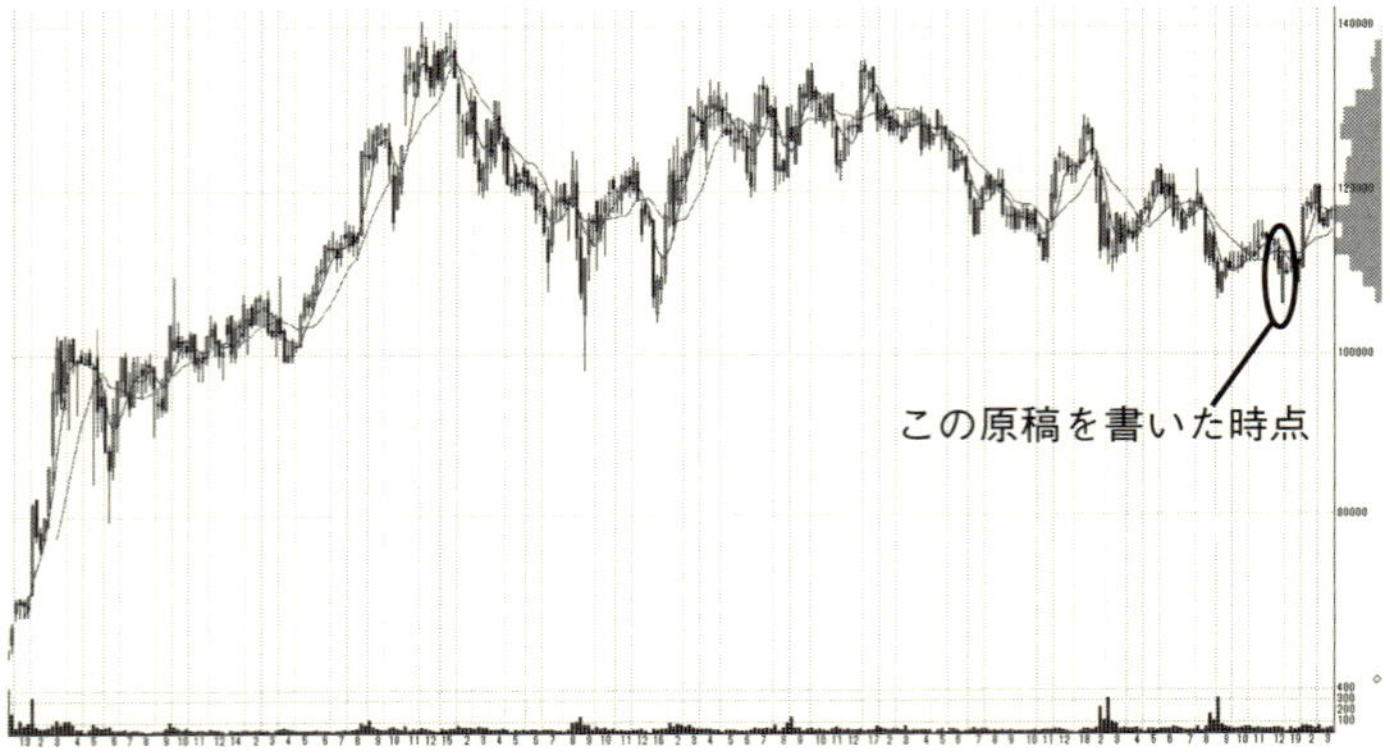

○ＣＲＥロジスティクスファンド投資法人
６カ月決算で、６カ月ごとに配当が支払われます。2019年６月期（２期分合計しています。2018年７月から2019年６月までの計算です）の配当利回りは5.46％です。

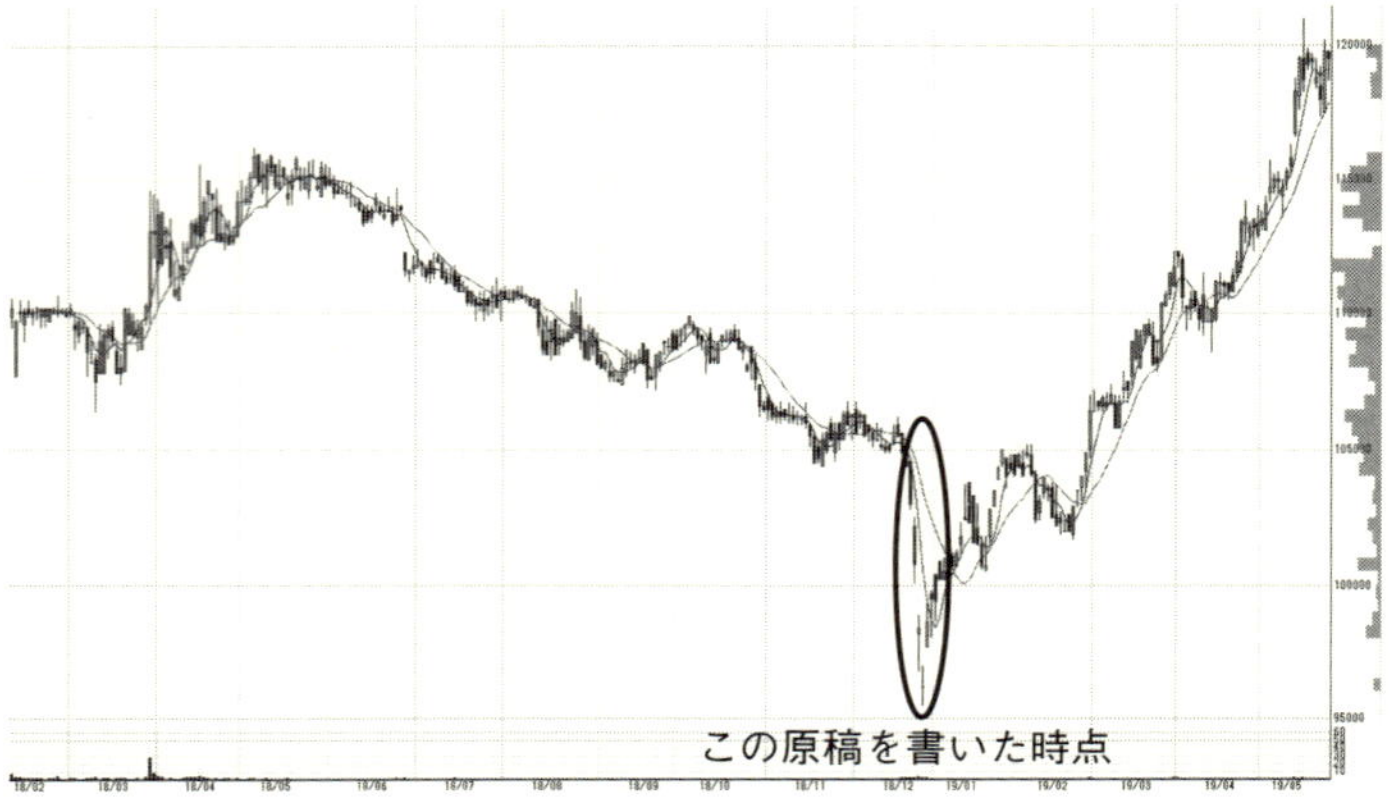

以上のインフラファンドは、この原稿を書いているときに、大きく値下がりしていました。でも、それは商品知識がない投資家の投げだと判断しています。

ちなみに、どのくらい下げたかというと、上場来の高値から2018年12月の暴落までの下落率はカナディアン・ソーラー・投資インフラ法人が16.9%、ザイマックス・リート投資法人は10.1%、GLP投資法人Cは24.5%、CREロジスティクスファンド投資法人は17.8%となっています。

ただし、上場来の高値からの下落率であることに注意してください。株より下落率が低いことがわかります。

❷ 2019年以降の不動産投資の見解

私は病気になる数年前から、ある時期になったら資産管理法人を清算して、個人所有のワンルームマンションもすべて売るように妻に迫られていました。「私だけでは会社の決算もできないし、賃貸不動産の管理も煩わしいので売ってしまってほしい」ということでした。

司法書士や税理士に聞いたのですが、夫の賃貸不動産を相続した妻は、作業負担や税金負担を嫌って、相場よりかなり安くても投げ売りする人が多いようです。

70歳どころか80歳まで生きるつもりでいたので、「70歳ぐらいになったら考える」と言い続けてきましたが、死に直面して、妻の負担を考えて、まず資産管理法人を清算することにしました。

会社を清算するために会社所有のワンルームマンションに関して、マイムコミュニティー（＝アパマンという不動産賃貸企業の関連会社）にまず法人持ち分を査定してもらったら、私の予想の1・5倍ほどの値段で買い取ってもらえることになりました。数年前と比較してずいぶん値上がりしていることがわかりました。

専任媒介で売ると10％ほど高く売れるようでした。ところが、物件のある神奈川県（厚木市）や愛知県（名古屋市）まで、物件ごとに妻（＝私が動けないので）と司法書士が出向いて売買契約を締結しなければならないことや、妻と司法書士の往復の旅費と不動産業者への仲介手数料も払うことを考えると、買い取り価格より10％高く売れても手数料などでかなり消えてしまい、むしろ手取りの金額は少なくなる可能性が高いことがわかりました。

さらに、会社で保有している10室のワンルームマンションを第三者に売ると、10回も契約に出向かなければいけません。その負担が大きすぎるので、すべてマイムコミュニティーに買い取りを希望しました。個人で保有しているワンルームマンション8室に関しても、やはり私の想定の1・5倍程度の買い取り価格でした。

以前、私は香港にもマンションを持っていて、それを手放したことがあります。そのときは4800万円ほどで売れました。ただ、購入後5年以内の売却でしたので、利益の60％を税金で持っていかれました。

それでも、香港のマンションの売買契約を1月に締結し、弁護士のチェックなどで、3月に売却代金を受け取りました。これがラッキーだったのです。

どういうことかというと、4月からは香港のマンションの売買量は一気に減って、そこから怒涛の円高が始まったからです。1年も経過すると、円高の影響で円貨換算では3000万円程度になりました。つまり、欲張って香港のマンションを持ち続けたら、利益はゼロになっていたことになります。

同じようなことがワンルームマンションにも起きると予想しています。土地やマンションの下落も、下げるときは一気です。バブル崩壊後に、そのような状況を見てきました。

今は、外国人のテナントが多くなり、1年程度で退出する人も増えました。そのたびに室内の補修が必要です。これが痛手になります。家賃自体は変わらないのに、補修金ばかり掛かるからです。場合によっては1年分の部屋代以上のお金になることもあります。

私の場合も、夜逃げされて部屋代を踏み倒されたこともありましたし、空き室になったままテナントが埋まらないこともありました。

近年(2018年)の家賃収入は手取り250万円程度でした。固定資産税を考えたら今回の売却で、8年から9年分の家賃を一気に獲得することができます。

現金で購入したワンルームマンションがほとんどなので、当初の購入価格は、7年前に、すでに家賃で回収しています。

建物は60年で償却するので残存価格もあり、敷地権分はそのままですから、うまくいけば税金が戻る可能性も出てきます。

消費税増税があり、景気が悪化すると、たぶんワンルームマンションばかりではなく、すべての日本の不動産価格は大きく下げていくと予想しています。妻の負担を取り除くために取り組んだことですが、実際に調べてみて、今回の売却は本当にラッキーだったと思っています。

第2部

遺すための株式投資（資産運用）編

第2部
遺すための株式投資（資産運用）編

第1章
遺すための株式投資

1 余命宣告を受けて

小さな判断ミスを続けてしまったので、アレクサンドル・デュマの書いた小説『モンテ・クリスト伯』に出てくるダングラール男爵のように、不毛な選択肢しか残されていない状況に追い詰められてしまいました。

モンテ・クリスト伯（＝巌窟王）の復讐で飢え死にしかけた瀕死のダングラールが命の次に大事な金を食べ物に交換させられたように、『命を失うか、金を失うか。どちらでも好きな方を選べ』というような、どちらを選んでも不毛すぎる選択肢しか残されていないような状況に追い込まれました。ダングラールは命の次に大切なお金を捨てることで命を拾いました。しかし、私はお金を使っても命を守れない、究極の状況に追い詰められてしまいました。

長年、運動（水泳と散歩）と食事管理だけで、糖尿病対策を続けて、薬を飲まなくても合併症を併発するような、高いヘモグロビンＡ１Ｃ（以降、ＨｂＡ１Ｃと表記。なおＣは小文字。以下、同じ）を招かない状況を維持してきました。

HbA1Cとは、ブドウ糖と結びついたヘモグロビン（血色素）で、現時点より過去1～1・5カ月間の平均血糖値を反映した、糖尿病患者の生活や症状を把握するための検査項目です。糖尿病の治療コントロールには欠かせないものです。


HbA1Cは血糖と違い、食事の影響を受けないため食前・食後を問わずいつでも検査ができます。したがって、検査の前だけ食事を控えてこの検査を受けたところで、日頃の不摂生がバレてしまいます。正常値は4・4～5・8％ですが、HbA1Cを常に6・5％以下にきちんとコントロールできていると、網膜症・動脈硬化・腎症・末梢神経障害といった糖尿病による合併症をかなり防ぐことができます。

私は運動と食事療法だけでHbA1Cを常に6・5％以下に抑えることができていました。ところが、2017年10月ごろから、HbA1Cの値が7・0％以上に上がりました。

歳を取るとすい臓の機能が衰えるので、これから薬でHbA1Cの値を下げて行こうと主治医に言われて、薬を飲むようになりました。


しかし、HbA1Cの値は下がるどころか上がっていきました。

私や妻はおかしいなと感じましたが、地元で糖尿病の権威とされている主治医からは「今飲んでいる薬が体に合わないこともある」という話をされました。だから、朝晩飲むだけだった薬を、朝昼晩と3回に増やしましたが、それでも血糖値は下がりませんでした。
医院の待合室に貼ってあるすい臓がんの可能性のある兆候の7つのうち、5つも当てはまる私は主治医にすい臓がんの検査を依頼しましたが、「神経質すぎる」と言われて検査をやめる判断ミスを犯しました。このときに人間ドックの検査を受けていれば、早めにすい臓がんを見つけられたかもしれません。ここでも判断ミスを犯しました。

週4回も泳いでいた水泳で急に足がつるようになりました。これも後で本を読むとすい臓がんの特徴のひとつでした。母がすい臓がんで亡くなったのに、すい臓がんを疑わないで本などを読まなかったのも判断ミスです。
そのうち、60キロあった体重がジリジリと53キロまで下がりました。これもすい臓がんの特徴です。少しずつ体重が減り始めて、妻が検査を受けるように言い続けたのに、主治医の「大丈夫だ」という言葉で、妻の希望を叶えてあげませんでした。これも私の大きな判断ミスです。

このように判断を間違え続け、最終的にすい臓がんのステージ4まで病状が進行してしまうことになりました。がんが肝臓に転移しており、手術は不可能。抗がん剤で対応するしかないというところまで追い詰められてしまったのです。

小さな判断ミスを繰り返した結果、大きな痛手を被ることになってしまいました。でも、「事故などで何もできずに命を落としてしまうよりも、幕引きの準備ができてよいのではないか」と前向きにとらえています。

余命宣告を受けてからは「資産を上手に遺す」という、守りの視点で株式投資を見ることになりました。この遺すというやり方は、若い世代の方々にはもちろんのこと、現在、積極的に株式投資等で資産運用している投資家の皆さんにとっても役立つ話だと思います。大きくは以下の3つになります。

◎世界トップの企業に投資する（第2部　第1章）
◎保険や年金に投資する（第2部　第2章）
◎上手に資産を遺すために遺言書の基本的な作り方を学んでおく（第2部　第3章）

私は長生きするリスクばかり考えて生きてきましたが、結果的に、貯めたお金を使えないで死んでしまう危険に激突してしまいました。皆さんには、そうなってほしくはありません。これから紹介する話が皆さんの役に立つようならば幸いです。

② 世界トップ企業に投資する　～遺す投資について～

1　最強の投資家は私の妻

原稿執筆時の２０１８年12月の今、株を買ってよいのは「買った後、10年間は売らないで我慢できる長期投資家だけだ」と考えています。

ところで、最強の長期投資家とは、どのような人を指すのでしょうか。私は、「私の妻のように、株にまったく興味がない。株価も見ない。そもそも株で資産を増やしたいとも考えない。いつ買おう、いつ売ろうなんてことに興味もない人だ」と考えています。株にまったく興味がないから10年でも20年でも長期ホールドすることができる。まさに、これが最強の投資家の姿ではないかと考えました。

２０１８年11月、今回の米国株に連動した日本株の年末にかけての垂直的なフリー落下は多くの投資家に痛手を与え、短期投資家ばかりではなく、中長期投資家にも、大きな痛手と恐怖を与えました。ずっと中長期に徹してきた投資家も、分散投資で優待株に広く浅く、中長期投資を行ってきた投資家も、痛手を受けたと思います。実際、損切りさせられてしまった人もいたことでしょう。

短期トレーダーの中には、サヤ取りでうまく立ち回った投資家もいるかもしれませんが、信用取引を多用する短期トレーダーの中には追証に襲われて苦しんだ投資家も多かったのではないかと思います。

中長期投資家の中にも、2019年にやってくる消費税増税や、東京オリンピックに関連する建設ラッシュの終了、米中関税戦争の激化などを考慮して、運用額を圧縮しようという人も多いと感じます。

私は、株に興味がない、株価も見ない、売り買いもする気がない、そもそも株で大きく稼ぐことすら考えない。そんな、長きにわたって相場界で生き残れる人の代表例でもある「私の妻」に対して、「10年後まで持ち続けることのできる世界トップの企業の株式だけを残そう」という考えで銘柄を選択しています。実際、今回（2018年）の株価暴落をチャンスとして捉え、世界トップ、世界2位の企業をピックアップしています。

配当さえもらえれば十分な満足が得られます。株価を追わない、ブレない投資家の最強の長期投資家=私の妻にとっては〝うってつけ〟ではないかと思いついたわけです。

すぐに結果の出る短期トレードは確かに人気があります。私がしようとしていることは、そのことに対するアンチテーゼでもあります。「株価で何とか資産を増やしたい。でも、株価の動きに翻弄されて、上がればウキウキ、下がればオタオタ。精神的不安でブレまくる投資家よりも、長期投資家のほうがストレスを感じにくいという意味で、圧倒的にラクである。だからこそ、10年間持ち続けても大丈夫なような企業を選ぶ必要がある」と考えています。

2　世界トップ企業の探し方

株にあまり興味がなく、自分で投資銘柄を選択できない妻のために、10年間売らないように口頭で遺言して（＝拘束力はありませんが）、世界トップの総合商社である三菱商事や世界第2位の伊藤忠商事（日本にしか総合商社という業態はないので日本トップが世界トップです）、半導体用シリコンウエハー製造で世界トップの信越化学工業やＳＵＭＣＯなどの世界的な大型株に投資資金を集めています。

この原稿を書いている１２月末の配当および優待の権利のある銘柄は次のような株です。

◆１２月の優待株

◎ヒューリック　◎マブチモーター　◎ローランドＤＧ　◎ヤマハ発動機　◎ニチリン
◎東海カーボン　◎ＪＴ

※すでに売ってしまったものもあります

◆12月の配当銘柄

◎昭和電工　◎THK　◎SUMCO　◎AGC（旧旭硝子）

銘柄の探し方については、世界トップであることはもちろん、業種のトップ企業であったり、時価総額が多かったり、歴史が古かったりなど、多種多様な面から精査します。また、中期経営計画の有無や達成状況、定性情報についてはニュースはもちろん、企業のウェブサイトや就活サイトなども参照し、自分の基準で判断することも少なくありません。

そのため、ひとくちにやり方を紹介するのは難しいのですが、参考までに、2019年1月時点で買い増しした主な銘柄を紹介しておきます。これらの銘柄は「遺すため」のものであり、長期保有が前提です。

◎三菱商事
◎三菱ケミカルホールディングス
◎新日鉄住金

◎三菱電機
◎信越化学工業
◎日東電工
◎東京精密
◎ＴＤＫ
◎ＳＣＲＥＥＮホールディングス
◎アマダホールディングス

私がどのように銘柄を選んでいるのか（どういうところに注目しているのか）については、以降で、具体的な銘柄を挙げながら解説します。

3　銘柄選択の考え方の具体例1　～三菱商事～

２０１９年１月に買い増しした銘柄のうち、三菱商事については日経新聞の記事を参考にして決めました。特に、以下の部分に注目しました。

三菱商事内で今、新たな株主還元策の議論が進む。今春に自社株買いに踏み切るとみられ、総額は15年の1000億円を上回り2000億円規模になる可能性がある。近年は社内に否定的な意見も多かった自社株買いを4年ぶりに議論する背景には、実績に評価が伴わないもどかしさがある。


今（※原稿執筆時）の三菱商事の株価でも、半分売れば、650万円ほどになる規模まで買い増しています。もしこの増資などや、増配があると、三菱商事株を半分売れば、900万円ほどのキャッシュができそうです。

三菱ケミカルホールディングスも、現在の投資株数の半分を売ると180万円のキャッシュができます。この部分でインフラ投資法人への1000万円の積み上げが可能になります。

それでは、株からキャッシュにシフトする分はどうするか。

今年は、買い増している株を3月までホールドすると、12月配当銘柄の配当と合算して税引き後で200万円程度の配当が手に入ります。

そして、新日鉄住金や三菱電機、信越化学工業、日東電工、東京精密、TDK、SCREENホールディングス、アマダホールディングスなどの現在の持ち株を半分売れば1300万円のキャッシュが生まれます。

4　銘柄選択の考え方の具体例2　～SUMCO～

2018年11月7日に、SUMCOの2018年12月期の第3四半期の決算短信が発表されました。また、通期予想も発表されました。シリコンウエハー事業は好調で、9月に起きた北海道の地震で操業が約1カ月止まった千歳工場の影響も、それほど大きくなさそうです。

この決算発表の翌日の11月8日にはSUMCOの株価は大きくリバウンドしましたが、11月9日には11月7日の株価まで下げてしまいました。

シリコンウエハーも黒鉛電極と同じように価格が上昇しており、今後も大きく上げることが予想されています。

シリコンウエハーも完全受注生産の商品なので、販売先と長期の契約を締結しております。価格も上げての契約のようです。


2018年12月期の第3四半期の決算短信（貸借対照表・損益計算書）と、その当時の株価チャートを220ページ～223ページに載せました。

決算資料では、SUMCOの2018年12月期の連結純利益は前期比で2・1倍の571億円になると発表されていました。期末配当も30円と発表され、通期で60円の配当になります。

ＳＵＭＣＯが今期通期の業績予想を公表するのは今回が初めてです。既存の株主に対するサービスと、千歳工場の操業ストップの不安を取り除くための発表で、これは「評価できる」と考えました。

半導体需要の伸びを受けた値上げの効果がさらに拡大します。スマートフォン（スマホ）やデータセンター向けなど、半導体の生産は高水準が続くとＳＵＭＣＯは見ています。

ＳＵＭＣＯの株価は、供給過剰によるシリコンウエハー価格下落への懸念が原因でしたが、３００ミリシリコンウエハーの８割程度は２０２０年までの長期契約を締結済みで、価格上昇が続くことを再確認できました。

株価が戻して来たのはチャンスだと考えています。昭和電工の事例もあるので、株価がどう動くかは予想できませんが……。

11月８日の日本経済新聞のＳＵＭＣＯの橋本会長に対するインタビューの記事がとても参考になるので、引用させていただきます。


活況が続いてきた半導体市場で、メモリーの価格が下落するなど変化が起きている。米インテルが先端品の量産時期を延期するなど不透明感が漂うなか、日本勢が高いシェアを握るシリコンウエハーにも変調の兆しはあるのか。ウエハー大手、ＳＵＭＣＯの橋本真幸会長に、引き合いの状況や今後の展望を聞いた。

◆ SUMCO の決算短信（貸借対照表　負債の部）

（単位：百万円）

	前連結会計年度 （2017年12月31日）	当第３四半期連結会計期間 （2018年９月30日）
負債の部		
流動負債		
支払手形及び買掛金	26,321	28,369
短期借入金	39,731	30,354
リース債務	1,331	1,040
未払法人税等	4,273	6,408
引当金	1,859	4,198
その他	21,915	30,615
流動負債合計	95,432	100,987
固定負債		
長期借入金	126,705	122,678
リース債務	1,626	855
退職給付に係る負債	21,188	24,083
その他	4,329	4,767
固定負債合計	153,850	152,384
負債合計	249,282	253,372
純資産の部		
株主資本		
資本金	138,718	138,718
資本剰余金	26,969	30,763
利益剰余金	73,309	101,895
自己株式	△12	△12
株主資本合計	238,986	271,366
その他の包括利益累計額		
その他有価証券評価差額金	0	0
繰延ヘッジ損益	△1	△9
土地再評価差額金	2,885	2,885
為替換算調整勘定	1,089	646
退職給付に係る調整累計額	△1,731	△3,763
その他の包括利益累計額合計	2,242	△239
非支配株主持分	40,394	38,881
純資産合計	281,623	310,007
負債純資産合計	530,906	563,380

出典：SUMCO 決算短信（2018 年 12 月期第３四半期）

◆ SUMCO の決算短信（貸借対照表　資産の部）

2．四半期連結財務諸表及び主な注記
（1）四半期連結貸借対照表

（単位：百万円）

	前連結会計年度 (2017年12月31日)	当第３四半期連結会計期間 (2018年９月30日)
資産の部		
流動資産		
現金及び預金	55,040	55,364
受取手形及び売掛金	52,858	61,768
有価証券	19,600	23,000
商品及び製品	13,287	15,208
仕掛品	16,450	17,287
原材料及び貯蔵品	152,875	151,629
その他	6,708	8,125
貸倒引当金	△10	△12
流動資産合計	316,811	332,371
固定資産		
有形固定資産		
建物及び構築物（純額）	73,560	70,361
機械装置及び運搬具（純額）	47,125	50,933
土地	20,266	20,395
建設仮勘定	9,240	28,738
その他（純額）	1,022	1,033
有形固定資産合計	151,214	171,463
無形固定資産		
のれん	6,812	5,593
その他	5,445	5,957
無形固定資産合計	12,258	11,551
投資その他の資産		
投資有価証券	82	102
長期前渡金	40,728	38,786
繰延税金資産	5,714	5,231
その他	4,383	4,160
貸倒引当金	△286	△287
投資その他の資産合計	50,621	47,993
固定資産合計	214,095	231,008
資産合計	530,906	563,380

出典：SUMCO 決算短信（2018 年 12 月期第３四半期）

◆ SUMCOの決算短信（損益計算書）

（２）四半期連結損益計算書及び四半期連結包括利益計算書
（四半期連結損益計算書）
（第３四半期連結累計期間）

（単位：百万円）

	前第３四半期連結累計期間 （自　2017年１月１日 至　2017年９月30日）	当第３四半期連結累計期間 （自　2018年１月１日 至　2018年９月30日）
売上高	190,405	242,456
売上原価	142,414	156,582
売上総利益	47,991	85,874
販売費及び一般管理費	19,192	21,621
営業利益	28,799	64,252
営業外収益		
受取利息	171	437
受取配当金	19	40
その他	129	197
営業外収益合計	321	676
営業外費用		
支払利息	1,630	1,124
固定資産除売却損	118	861
その他	3,143	240
営業外費用合計	4,892	2,226
経常利益	24,228	62,702
特別損失		
災害による損失	－	865
特別損失合計	－	865
税金等調整前四半期純利益	24,228	61,836
法人税等	4,035	10,198
四半期純利益	20,192	51,638
非支配株主に帰属する四半期純利益	3,571	8,974
親会社株主に帰属する四半期純利益	16,621	42,663

出典：SUMCO決算短信（2018年12月期第３四半期）

◆ SUMCO の株価チャート

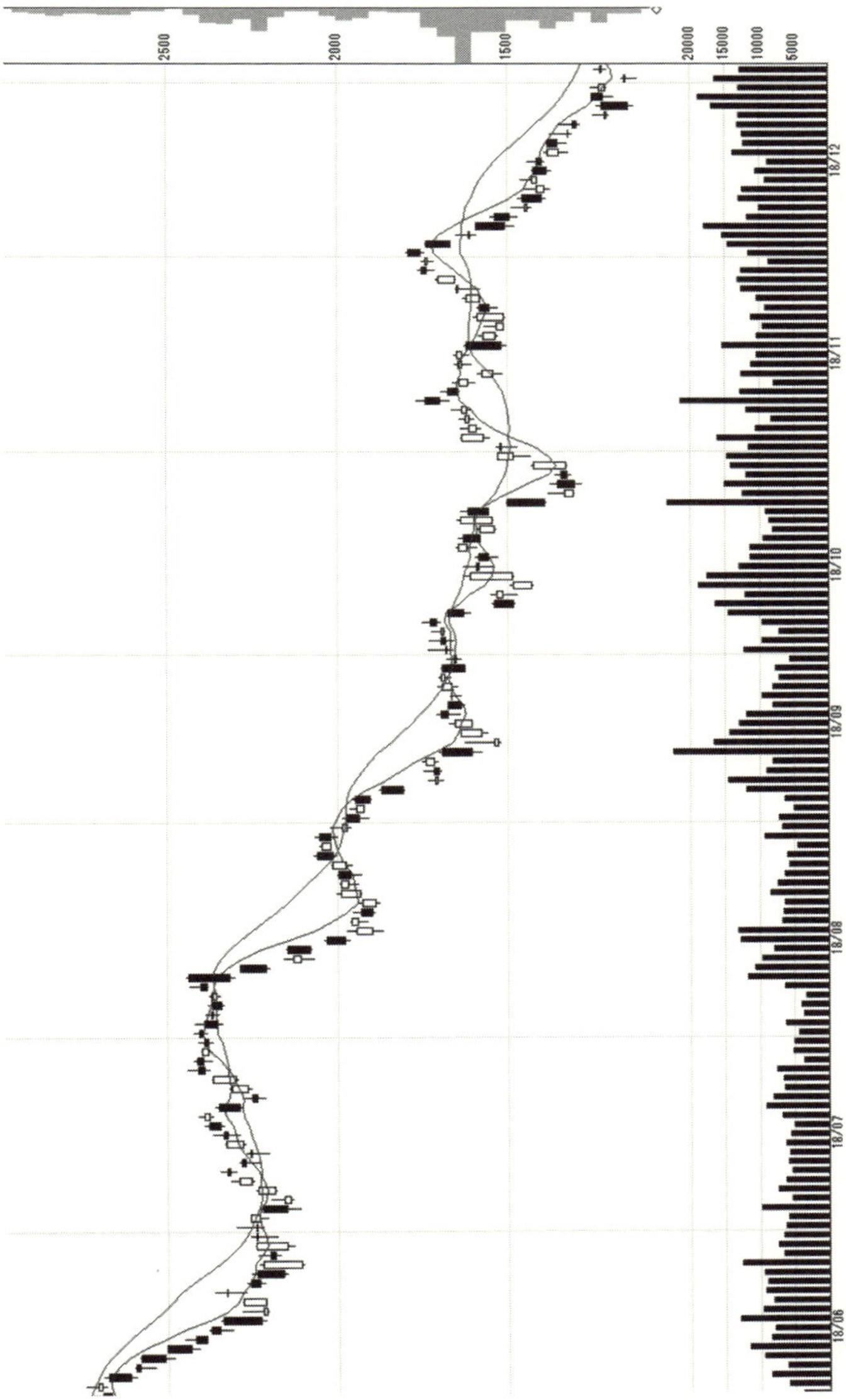

――ウエハー市況の見通しはいかがですか。

「2021～23年の長期契約の交渉を進めている。直径300ミリメートルの品種はすでに大口が埋まりつつある。供給過剰時は、顧客から次の四半期の契約での値下げ要求ばかり聞かされた。21年以降も足りないという認識があるのだろう」

「足元の状況を用途別にみるとメモリーそのものは調整局面にあるが、メモリー向けウエハーの価格はむしろ上がっている。21年以降の契約分も同じ状況だ。（演算処理を手掛ける）ロジックはそもそも製品そのものが足りていない」


――19年に300ミリメートルの生産能力を月産量で11万枚増やします。

「要求量と供給量を比べると、まだまだ焼け石に水といえる。アッという間に在庫はなくなる。当社は今後も生産能力を少しずつ増やしていく。ウエハーの値戻しは進んでいるが、現在の価格水準では既存の工場に増産投資はしても、工場の新設はできない。新設を検討していくがまったくの白紙だ。新設を公表している同業他社もあるが立ち上げ時期は遅れるのではないか」

「当社は顧客からの資金を活用しての増産投資はしない。値崩れが起きても供給義務が発生してしまうからだ。増産のスピードは自分たちで決める」

――200ミリメートルのウエハーは自動車向けなどが好調。顧客から追加供給の要請が出ています。

「200ミリは足元で本当に足りていない。それに加えて9月の北海道地震で千歳工場（北海道千歳市）が被災し、10月までフル稼働できなかった。200ミリは装置メーカーが製造しておらず、特注品なので今から発注しても2年はかかる」


――ウエハーの需要が世界的に増える背景は何ですか。

「ウエハー市場は世界の国内総生産（GDP）に比例して伸びてきた。それが18年から顧客からの需要がGDPと乖離《かいり》して上回っている。これまでは容量を増やすために半導体回路の集積度を高める微細化が進んでいたが、限界を迎えつつある。微細化に代わって、機器の頭脳となるIC（集積回路）の個数を増やして解決するようになったのがウエハー需要増の背景だ」

「微細化ではウエハーの枚数はそれほど増えなかったが、ICが増えればウエハーの需要も増える。さらに、データセンターや自動車分野などで半導体を使う量が急速に増えた」


――米中間の追加関税の影響はありますか。

「当社は大半の製品を日本から台湾や韓国、米国などに供給し、米国の工場で生産したウエハーは中国にも売っている。（追加関税があっても）中国企業は買うだろう。ウエハーの価格がICに占める割合は3～4％にすぎない。関税が上乗せされたところで影響は少ない。米国以外の別の供給元を探していたら、すぐに1年は過ぎてしまうだろう」

「国際半導体製造装置材料協会（ＳＥＭＩ）によると、シリコンウエハーの２０１８年の出荷面積は前年比７％増で過去最高となる見通し。需要がメーカーの総生産量を上回る状況は続く。ＳＵＭＣＯは０８年のリーマンショックでウエハー価格の下落に苦しんだ後遺症があるだけに、巨額の追加投資には慎重な立場を崩さない。米中貿易戦争など先行きの不透明感が漂うなか、生産改革を通じた市況に影響されにくい企業体質づくりも課題となる」

（引用終わり）


上記の記事で参考になったことを特に拾い出します。

●

①すでに２０２０年までの長期契約は終わり、２０２１年からの契約に入っていること。２０２０年までの契約に関しては、インターネットの情報を見ると、今期より値上げして契約が締結されたこと
②２００ミリのシリコンウエハーは特注で、今から発注しても納期は２年後であるということ

5 銘柄選択の考え方の具体例3 ～信越化学工業～

SUMCOも専業なので魅力がありますが、やはり信越化学工業も買っておくべきだと考えています。まだ打診買いの段階ですが。就職サイトで読んだ信越化学工業の強みは以下のようなものです。引用させていただきます（一部、私が追加している部分もあります）。


化学メーカーに勤めるサラリーマンが、これから就職する学生さんに向けて、20年、30年先に自分たちが中堅になったときに、間違いなく企業が大きく成長する要因を解説している辛口就職サイトがあります。そのトップ企業が信越化学工業です。

化学素材メーカーに関しては『総括すると、化学素材メーカーは一部の潰れそうなメーカーと汎用品ばかりやっているメーカーを除き、どの企業もあと30年くらいは安泰。ビジネスなので浮き沈みは当然あるが、あなたの生きているうちになくなることは想定できない。』ということのようですが、そのトップ3のトップが信越化学工業です。

化学メーカーで将来性と安定性のあるトップ3社。トップが信越化学工業です。将来性も、安定性も

５つ星です（最高が５つ星）。

塩ビとシリコーン・半導体用シリコンウェハーだけの会社ですが、どちらも圧倒的に世界Ｎｏ．１とのことです。

◆塩ビ事業

塩ビ樹脂は、コスト面と性能面の両方から他の素材に代えのきかない優秀な材料。今後も建築やインフラに必要な樹脂といわれています。

ただし塩ビ樹脂を作るだけなら、設備と技術を買えば誰でもできます。実際、中国には塩ビメーカーが大量に存在しており全世界の需要量を中国のキャパシティーだけで補える大量生産国です。

つまり、余剰設備が大量にあり価格破壊が起きているマーケットですが、そのような事業環境の中でも大きな利益を上げられる、というところが信越化学工業の凄さだと指摘しています。なお、利益を生み出せる理由は以下の通りです。

○米国にメイン生産拠点がある＝原料の安い地域で生産
○プラントの設計＆製造技術に優れる＝安定した品質
○安く作って安く売る＝米国の保護経済に守られて内需安定でしたがトランプ政権でますます安定。
余ったキャパで世界中に輸出

信越化学が本気になれば、中国メーカーでさえ価格で勝てないと言われているほどです。信越化学工業は、圧倒的に安く作って安く大量に売るという、パワーゲームの勝者です。

◆半導体用シリコンウェハー事業

集積回路やメモリの基板に使われる材料で、市場は永遠になくなりません。しかも、これからは自動車が半導体の塊になります。

塩ビと違うのは、誰でも作れるものではないところにあります。純度を高めるための精製技術と薄く作るための加工技術が必要です。そして、新たな製品の開発力も必要で、市場では常に薄い製品が求められています。この分野でなぜ信越化学が稼いでいるのかについては、以下を参照してください。

○オーストラリア保有の山から良質な原料が安価で無限に採れる
○原料～加工～レジスト。上流から下流まで手がける
○信越化学工業とSUMCOで世界市場60％以上を確保しており、値崩れしにくい

（引用終わり）

つまり、技術面ではＳＵＭＣＯと変わらないのですが、「やり方」で勝っているから信越化学工業が世界1位で、ＳＵＭＣＯが世界2位なのだそうです。納得です。

参考までに、信越化学工業の２０１９年3月期の株価チャートと第２四半期の決算短信（貸借対照表・損益計算書）を載せておきます（２３１ページ〜２３４ページ）。

◆信越化学工業の株価チャート

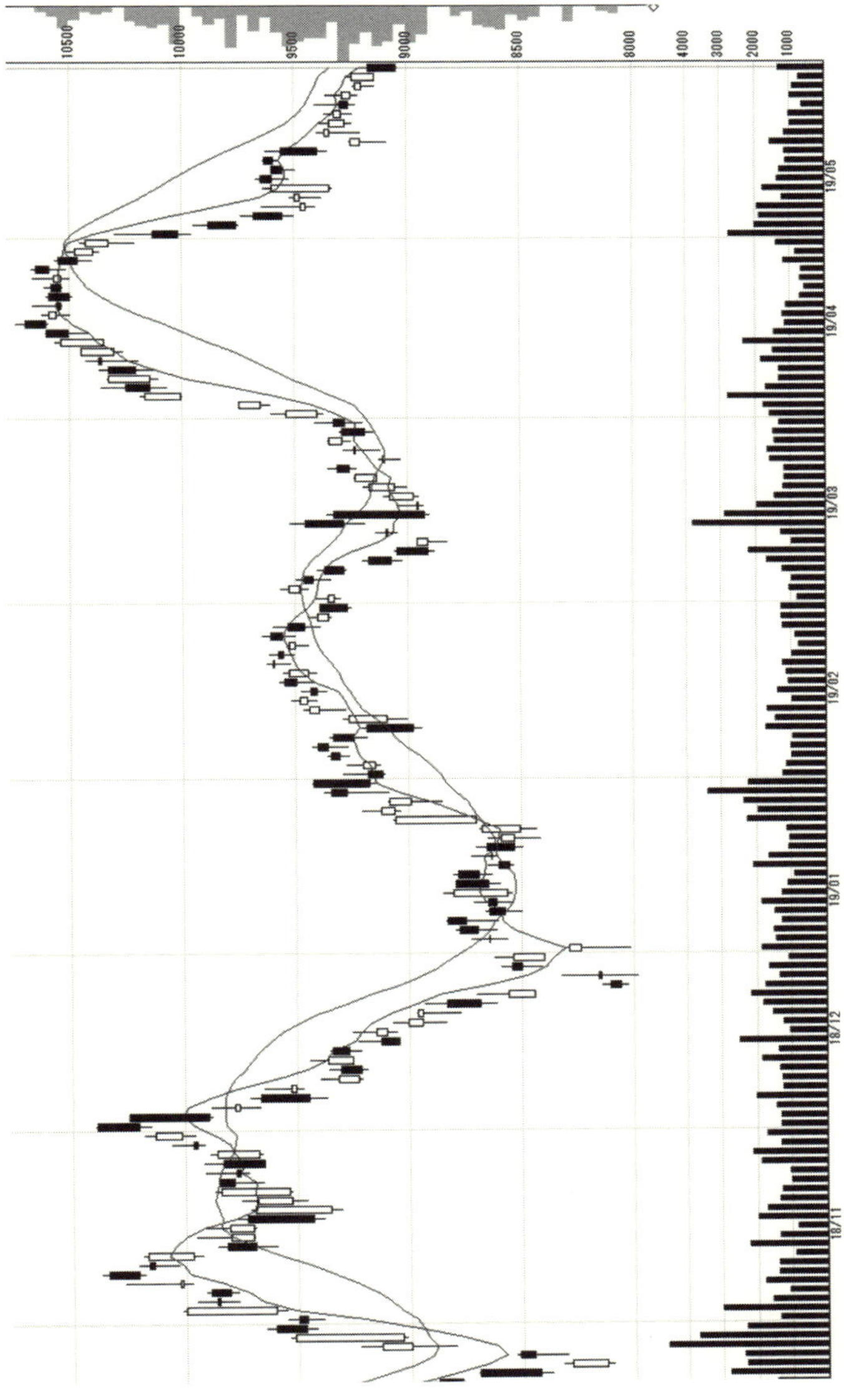

◆信越化学工業の決算短信（貸借対照表　負債の部）

（単位：百万円）

	前連結会計年度（2018年３月31日）	当第２四半期連結会計期間（2018年９月30日）
負債の部		
流動負債		
支払手形及び買掛金	136,834	136,773
短期借入金	7,094	6,165
未払法人税等	58,972	43,680
引当金	3,821	3,903
その他	171,699	179,310
流動負債合計	378,421	369,833
固定負債		
長期借入金	8,430	8,571
退職給付に係る負債	32,282	33,450
その他	70,976	68,499
固定負債合計	111,690	110,521
負債合計	490,112	480,354
純資産の部		
株主資本		
資本金	119,419	119,419
資本剰余金	129,937	128,274
利益剰余金	2,070,779	2,176,078
自己株式	△30,207	△5,339
株主資本合計	2,289,929	2,418,432
その他の包括利益累計額		
その他有価証券評価差額金	26,446	29,686
繰延ヘッジ損益	1,671	△315
為替換算調整勘定	34,611	5,405
退職給付に係る調整累計額	△1,416	△914
その他の包括利益累計額合計	61,313	33,862
新株予約権	524	1,159
非支配株主持分	61,258	63,578
純資産合計	2,413,025	2,517,033
負債純資産合計	2,903,137	2,997,388

出典：信越化学工業決算短信 (2019 年３月期第２四半期)

◆信越化学工業の決算短信（貸借対照表　資産の部）

３．四半期連結財務諸表及び主な注記

（１）四半期連結貸借対照表

（単位：百万円）

	前連結会計年度 (2018年３月31日)	当第２四半期連結会計期間 (2018年９月30日)
資産の部		
流動資産		
現金及び預金	854, 506	902, 813
受取手形及び売掛金	332, 880	363, 929
有価証券	197, 339	197, 487
たな卸資産	282, 078	282, 972
その他	48, 313	42, 466
貸倒引当金	△12, 201	△10, 354
流動資産合計	1, 702, 916	1, 779, 315
固定資産		
有形固定資産		
機械装置及び運搬具（純額）	454, 846	440, 448
その他（純額）	444, 881	478, 850
有形固定資産合計	899, 728	919, 299
無形固定資産	9, 405	8, 597
投資その他の資産		
投資その他の資産	293, 283	292, 547
貸倒引当金	△2, 197	△2, 371
投資その他の資産合計	291, 086	290, 175
固定資産合計	1, 200, 220	1, 218, 072
資産合計	2, 903, 137	2, 997, 388

出典：信越化学工業決算短信 (2019 年３月期第２四半期)

◆信越化学工業の決算短信（損益計算書）

（2）四半期連結損益計算書及び四半期連結包括利益計算書
（四半期連結損益計算書）
（第２四半期連結累計期間）

（単位：百万円）

	前第２四半期連結累計期間 （自　2017年４月１日 至　2017年９月30日）	当第２四半期連結累計期間 （自　2018年４月１日 至　2018年９月30日）
売上高	694,926	791,701
売上原価	468,270	508,705
売上総利益	226,655	282,995
販売費及び一般管理費	70,335	73,755
営業利益	156,319	209,240
営業外収益		
受取利息	2,808	3,963
為替差益	－	2,467
その他	3,435	5,568
営業外収益合計	6,243	12,000
営業外費用		
固定資産除却損	870	932
その他	1,475	3,182
営業外費用合計	2,345	4,115
経常利益	160,217	217,125
税金等調整前四半期純利益	160,217	217,125
法人税、住民税及び事業税	50,774	57,187
法人税等調整額	△2,950	△1,426
法人税等合計	47,823	55,761
四半期純利益	112,394	161,363
非支配株主に帰属する四半期純利益	1,668	2,547
親会社株主に帰属する四半期純利益	110,725	158,815

出典：信越化学工業決算短信 (2019 年３月期第２四半期)

第2部

遺すための株式投資（資産運用）編

第2章

保険について

私は、「がん保険や生命保険は健康を守る投資だ」と考えて、**健康を買う投資**というスタンスを維持してきました。

若いころからがん保険に入ってきました。年間保険料は20万円弱でした。それなりの金額になりますが、がんにならないための〝おまじないのようなものだ〟と考えて、入り続けていました。収入が減ったサラリーマン卒業後もがん保険料を払い続けました。

定年後、保険料を減らすためにがん保険を解約する人もいますが、私は今回の自分の経験で、「がん保険を止めるのは最悪の投資行動だ」と痛感させられました。

一般の生命保険については、死亡時の保険額を減額して、「交通事故などで死んだときの保険額1億円」から「私が考えている最低レベルの保険金額2000万円」までに減らしました。やはりこの減額も私の経済状況からは適切だったと感じています。

がん保険では、初めてがんがわかったときが65歳前であれば300万円の給付になります（65歳以上でわかったときは半分の150万円の給付）。

入院給付金に関しては、がん保険は4万5000円。生命保険も合計で1万1000円。がん保険と生命保険を合わせると5万6000円が給付されます。これは、治療に関する経済的負担をかなり減らしてくれます。

私と同じ歳で、通っていたプールで2人でヒソヒソ株談義を楽しんできた友人からは、「（1日約2万円の個室と治療費の合計を知って）信じられない高額アルバイトだ」と冗談を言われました。そんな冗談が言えるほど、私が回復していたからです。

私の場合は余命宣告を受けているので、「70歳まで生き続けることができるのであれば、そんなお金は欲しくない」と反論しましたが、確かに、早期発見でがんを手術で削除でき、またがんが再発した患者に関しては、経済面だけを考えれば焼け太りだと感じます。


2人にひとりが〝がん〟になる時代です。もっと興味を持っていただきたいので、もう少し詳しく紹介します。

がん保険は40年近く払い込んできましたが、先述したようにがん除けのお守りとして考えてきたので、がんになったとき、どのような保険金がもらえるのか、まったくわかりませんでした。そこで、まずアフラックに電話しました。すると、次のことがわかりました（一部、重複あり）。

①私のがん保険で支払われる保険金は、まず初めてがんにかかったとき、がんになったという診断書などを提出すると３００万円が支払われる
②がんで入院すると１日目から１日につき４万５０００円の入院給付金がもらえる。一度退院しても、

また入院すると、そのたびに1日に4万5000円の入院給付金がもらえる
③通常のがん患者は2週間以内で退院することがほとんどなので、もらえる人は少ないようだが、どこかで20日以上入院すると、退院の日から180日の間に、通院治療した日数（＝回数）の30回分までは通院給付金が1回につき1万5000円給付される
④がんで死亡すると450万円の死亡保険金がもらえる

私のように末期がんでは、仮に40年間払い込んだ生命保険料の2倍のお金が返ってきても、正直、うれしいという気持ちはありません。

でも、退院することができて、がんに良い温泉地として有名な秋田県の玉川温泉や新玉川温泉、山梨県の増富温泉、鳥取県の三朝《みささ》温泉などで温泉療養することにも保険料を使えます。

また、すい臓の末期がんが治ったという実績のある病院などでの治療を受けるのにも使えると考えています。

これには笑い話があります。電話したときには1日の入院給付金に関して、14万5000円と聞いたつもりになっていました。妻に話すと、「いくら何でも1日の入院給付金が10万円以上も出るはずがない」と苦笑されました。「いや、何度も金額を復唱して確認した」と私は言い張りましたが、整理・整頓が得意な妻が、毎年1回、アフラックから送られてくる資料を出してきたのでそれを確認したところ、「1日の入院給付金が4万5000円」と書かれていました。「あなたらしい聞き間違いだ」と、やっと妻に笑顔が戻ってきたことが救いでした。

保険料の払い込みは無駄金だと思う人もいるかもしれません。でも、人間、いつ、何が起こるのか、わからないものです。私自身、余命宣告を受けたときは「まさか」と思いました。このあたりの考え方は人それぞれですが、あえて言わせていただくのであれば、毎年（あるいは毎月）、新しいお守りを買う気持ちで保険には入っておくほうが、残される家族のことを考えれば安心だと思います。

どういう保険に入ればいいのかについては、それこそ人それぞれで変わってきますので、一概には言えません。ですから、読者の皆さんの生活スタイルに合わせて考えていただければと思います。ただ、2人にひとりががんになる時代であることを考えれば、やはりがん保険には入っておいたほうがよかろうと思います。

第2部
遺すための株式投資（資産運用）編

第3章
遺言書の書き方

❶ 遺言書について考えることになったきっかけ

本節では遺言の書き方を紹介します。どうしたら有効な自著の遺言書を作れるのかのほか、公正証書での遺言の作り方なども、少し詳しく書いてみたいと思います。

もともとは、名古屋や川崎などのワンルームマンションを、買ったときの私の住所のままにしていたことがきっかけでした。病気がわかる前の２０１８年10月から、現在の私の住所に登記しなおす準備をしていたのです。

やはりご縁があるということでしょうか。知人に紹介された司法書士さんに依頼しました。

最初に司法書士さんに会ったときに、資格を取って遺言書の作成指導の仕事もしていると聞いたので、以前、自分が書いて作っていた自著の遺言書を持って行って、チェックをお願いしました。このときは、後に起ころうとしていることなど想像もしていませんでした。見てもらいたいと単純に思っただけでした。

すべての財産を妻に相続させるという内容です。司法書士さんによると「基本的にはまったく問題ないが、もっと良い内容にすることができる」ということでアドバイスを受けました。そこで、ワープロで原案を作成していただき、自宅に帰ってきて自著して完成させました。

そのときに聞いた豆知識です。自著の遺言書は封筒に糊付けして保管するのが正しいと思い込んでいましたが、封をするやり方が間違っていると、その遺言が無効になるリスクが発生するそうです。つまり、封書には入れないほうが良さそうなのです。入れたとしても、絶対に糊付けはしないでおくことが大切だと教わりました。このことを知らない人が多いと聞いたので、まずご紹介しておきます。


すべての財産を妻に相続させるという部分はそのままです。通院や旅行に出かけたときに、私と妻が同時に交通事故で死亡したり、何かの事故で、私より先に妻が死亡したら、この遺言は意味が失われるので、そのときには私の財産を誰に残すのかを加筆しました。また、遺言執行者についても加筆しました。

自著の遺言の原案を作るときに、司法書士の方からいくつかの質問をされて答えました。そのときに聞いた注意事項を紹介しておきます。

◎自著の遺言は裁判所で確認されるので、立ち会う権利がある旨の通知が法定相続人に裁判所から送付される。すべての法定相続人が来ても来なくても、それ自体は各人の自由である
◎自著証書の一番のリスクは、遺産をもらえなかった法定相続人から、「この字は被相続人（＝私）の

字ではない」と主張されて、自著の遺言書が無効になることがあるということ

◎遺留分のない法定相続人にも法律に基づき相続が行われること

私は、特に3番目の項目についてはまったく知りませんでした。私にとっては「公正証書の遺言を作る機会は、今回が最後だ」と考えたので、長生きできたとしても、この機会に最後まで有効な公正証書の遺言書を作ることにしました。

それほどお金がかからないということもわかりました。本で読むと、公正証書の遺言書を作るには2名の他人の立会人が必要だと知っていたので、それがネックで公正証書の遺言書を作成することは諦めていました。

ただ、遺言書の原案を作成した司法書士と司法書士事務所の従業員ひとり、この2名に立会人になってもらうと、司法書士業法で情報を漏らせない業務上の守秘義務を負うことになるので安心だと教えていただきました。そこで、公正証書の遺言書を作成することにしました。

妻が私と同時または先に死んだときに相続させる相続人に関して次の質問を受けました。

◎実際は離婚状態だが、面倒くさがって正式に離婚をしていない相続人がいないかどうか

私には、法定相続人の候補者の中にひとりいました。正式に離婚をしていない相続人に相続させた場合、その相続人が死亡すると、相続させた私の遺産が、その相続人の配偶者に半分も持っていかれるリスクがあるそうです。

これは、私の相続とは関係ありませんが、離婚していない別居中の妻が、大きな借金をして死に、債権者から夫（＝相続人候補）に借金支払いの請求が来た時点（＝離婚していない音信不通の妻が死亡したと知った時）から3カ月以内に相続放棄の手続きをしないと、法律的に借金が相続されて、法律的に返済する義務が生じるとのことです。私は初めて知りました。

通常、別居して10年以上もたつのに正式に離婚していない夫は、妻の借金の返済の請求が来ても「関係ない」と無視してしまうそうです。すると、3カ月後に法律上の相続をしてしまい、一生、その借金の支払いを請求され続けることになるようです。

そういうことで泣いている無精者が、世の中にはたくさんいるようです。今は離婚時代で、中学や高校の同窓会に出れば、生き残っている同級生の2人にひとりか、3人に2人は離婚を経験している時代になっているように感じます。

離婚が成立したら、法律的にもきちんと離婚を行って、将来のリスクをなくすべきだと感じたので、この話をご紹介しておきます。

2 遺言書の書き方

自著の遺言を完成させていたので、のんびりと公正証書の遺言を作ればよいと考えていたのですが、長きにわたって高齢者と障害者の後見人をしている友人からの電話で考えを変え、なるべく早く公正証書の遺言を作ることにしました。

いつも海外に一緒に出掛けていた仲良し3家族の海外旅行企画担当のご主人から「来年（2019年）の3月か、4月に沖縄旅行に行こう」というお誘いメールが来ました。私のがんのことを連絡して、「できることなら行きたいが、治療次第」と返信しました。

すぐに電話がかかってきました。そのとき、「彼の奥さんもがんで手術をして11月22日に退院予定だが、傷が化膿して、ふさがらず退院が遅れている」ということを知りました。

奥さんに私の病状を伝えてくれたようでした。長年、高齢者や障害者の後見人を務めてきた彼女（奥さん）が、自分自身が苦しい状況にあるにもかかわらず、電話をかけてきてくれた最大の理由は「遺言を作れ」ということでした。「自著の遺言は、どんなに完璧に作ったつもりでも、ものすごくリスクが高く、もめることが多いので、なるべく早く、しかも公正証書の遺言を絶対に作らなくてはだめだ」という内容でした。

相続税の申告の期限の10カ月後までに申告できないと、例えば20年以上連れ添った妻が使える1億6000万円まで無税の妻の「軽減税率」が使えなくなるリスクがあります。

もっとお金持ちの奥さんは、法定相続分までこの軽減税率が使えます。どういうことかというと、法定相続分が3億円の人は3億円まで、5億円の人は5億円まで、相続税が無税になります。ただし、10カ月以内に相続税の申告をしないと使えなくなります。

一般的な相続税の計算は「基礎控除3000万円＋600万円×相続人の数」となります。この控除額とは雲泥の差です。

公正証書の遺言を作っておけば、確実に10カ月以内に相続税の申告ができます。私の死後、3カ月もかからないで相続申告をする準備を私は進めています。

このことを苦しい入院生活の病院から知らせてくれたわけで、友の奥さんに感謝しています。

私の場合は簡単で、妻だけに遺産を相続させる遺言です。

遺言の趣旨

第1条　1　遺言者は、遺言者が有する不動産、預貯金債権及び有価証券などの金融資産など全ての財産を遺言者の妻・●●●●（昭和●年●月●日生、以下「●●●●」という）に相続させる。
2　●●●●が遺言者と同時又は遺言者より先に死亡している場合は、遺言者は前項により●●●●に相続した財産を、遺言者の妻の弟・▲▲▲▲（昭和▲▲年▲月▲日生。以下「▲▲▲▲」という）に遺贈する。
第2条　1　遺言者は、この遺言の執行者として、●●●●を指定する。
2　●●●●が石川臨太郎と同時又は遺言者より先に死亡している時は、この遺言の遺言執行者として▲▲▲▲を指定する。
3　遺言執行者は、遺言者の不動産、預貯金、有価証券その他の遺言者名義の遺産について遺言執行者の名において名義変更、解約、払戻し、換価処分及びそれらの受領等の手続きをし、また貸金庫を開扉し、内容物の収受を行うなどこの遺言を執行するための必要な一切の権限を有する。なお、この権限の行使に当たり、他の相続人の同意は不要である。
4　遺言執行者は、必要なとき、他の者に対してその権限の全部又は一部を行わせることができる。

このような内容で遺言を作ればよいのですが、相続人が多数いる場合は、a不動産（自宅）は相続人Aに、b、c、d不動産は相続人Bに、e、f、g不動産は相続人Cに、X銀行の預貯金は相続人Aに、Y銀行の預貯金は相続人Bに、Z証券の有価証券は相続人Cに、XO証券の有価証券は相続人Dに、というように具体的に不動産ごと、銀行ごと、証券会社ごとに相続人を分けて遺言を作るのが争いを少なくするコツだということも学びました。

20年以上結婚している妻に1億6000万円まで無税で相続させることが可能ならば、庶民が**「婚姻期間20年以上の夫婦間の自宅の生前贈与の特例」**を使うと大損することも理解できます。どれほど損をするかは、インターネット等で「自宅の生前贈与　特例　注意」などのキーワードで調べてみてください。自宅の生前贈与がどれほど大きな損なのかがよくわかります。

マネー雑誌などの記事を読んで、軽々に相続対策を行うといかに大損するかを、知人からの情報や、専門知識を持つ人の指導で知ることができたことは不幸中の幸いでした。

まずネット証券の株券をパソコンが使えない妻のために、すべて市内にある店頭証券会社に移管する手続きは、入院中に確認しました。

入院前に株価が暴落して、２０１７年12月末比でマイナス１５００万円ほど減っていた株資産が、なんと２０１８年12月12日にはプラスに転じていました。

しかし、その翌日から米国株が暴落して、プラスになった株資産は、やはり瞬く間に２０１７年12月末比でマイナス１０００万円ほどまで、再び落ちました。

持ち株に関しては、株取引がわからない妻のために、10年間持ち続ければ、２０１９年の消費税増税や東京オリンピック後の日本の景気の悪化による大暴落、米国株のリーマン・ショック以上の大暴落があって一時的に下げたとしても、（10年後には）株価が大きく戻している可能性の高い世界トップ、世界2位の企業を主体に残します。このことに関しては別の章で説明したとおりです。

アフラックのがん保険、一般生命会社の保険に関しては、すべて法定相続人ではなく、妻が受取人になっているかどうかを確認しました。共済などに関しては規約で妻が受取人として決められている保険もありました。通常は法定相続人ですが、妻に変更できる生命保険会社もありました。

企業年金に関しては、夫が死んでも、夫の70歳の誕生日まで生きていたと仮定して、企業年金を受け取れるという制度を設けている企業もあります。その相続人の順位が法定相続人となっているのか、それとも妻になっているのかを確認することも必要です。

厚生年金などは社会保険庁で、厚生年金部分の約4分の3が自動的に妻に引き継がれます。

公正証書の遺言に関してはがん保険、一般の生命保険、企業年金、公的年金を具体的に書く必要はないそうです。


遺言の書き方に関する私が得た知識は、上記のようなものです。

妻に、「いい加減にお金の損得計算は止めたらいいのに」と呆れられながら、「お前の老後を守るために苦労してやっているのだから、文句を言わないでほしい」と言って計算したのが次のことです。


今、私は64歳で、あと数カ月で65歳になります。それまでに精密検査をしなかったら、たぶん、がん全身転移で樹木希林さんのような状態まで追い込まれる前に死が訪れたと思います。

私のお見舞いに来てくれた友人は64歳と11カ月でがんが見つかったそうです。保険金の金額が2分の1になる前にがん保険を受け取れたそうです。手術も成功して、もう何年も生きています。

私は、がん保険の他にいくつかの生命保険にも入っています。がん保険の死亡給付金は450万円ですが、治療中に交通事故などで死ぬと50万円になります。大きく減ります。

しかし、通常の一般保険は、事故で死亡すると病死したときの2倍の保険金が出ます。結果的に、事故で死んでしまった場合は、がん保険400万円の約3倍の保険金がもらえることになります。

一般の生命保険に関しては、会社を辞めた後に保険料を減額するために保険金をずいぶん減らしましたが、それでもかなりの保険金を受け取れるので、払い込んだ保険料よりも相当多くの保険金を受け取ることが可能です。


主治医からは、マラソンのように生き続ける限り、抗がん剤治療が続くといわれています。1回目の抗がん剤の投与では副作用も出ず、とりあえずスタートはうまく切れたと思った矢先、主治医の指摘通り、（抗がん剤投与後の）3日目から38度以上の高熱、嘔吐、吐き気、薬疹、むくみ、シャックリなどが始まり、もうだめかと思いました。

その後、副作用は沈静化しましたが、やはり抗がん剤を点滴するたびに違う形の副作用が出てしまい、通常のがん患者は2週間程度で退院できるのに、私は1カ月も入院することになってしまいました。

しかし、できることなら、1日でも長生きして、少なくとも厚生年金や老齢基礎年金を満額もらって、東京オリンピックをテレビで見て、欲を大きく持って、大阪万博までも見たいと願っています。

お見舞いに来てくださった人は皆、がんの手術をしたことがあり、手術後、何年も生き抜いている人ばかりでした。

2人にひとりはがんになる時代です。お見舞いに来てくださった人の知人にも、がんの余命宣告後、

5年や10年、生きながらえている人はたくさんいるようです。

消化器系のがんで、食事は取れなくなって、すべて胃ろうで胃の近くに栄養を入れる管を設置して5年、10年と長生きしている人は、何とそこからお酒も入れているようです。

「うまいの」と聞いたら、「口から入れないのでうまくもなんともない。しかし確実に酔う。それが気持ちよくてやめられない」と話していました。がん患者でも前向きに明るく生きている人のほうが、結局は長生きできるようです。

砂漠で遭難して水筒の水が半分になったときに「もう半分だ」と焦る人と、「まだ半分ある」と前向きに考える人。生き残るのはまだ半分あると前向きに生きる努力をした人と同じです。

ノーベル賞を取ったオプジーボ。すい臓がんには、まだ薬効が認められないので使えませんが、去年から薬効が認められて使えるようになったがんがあるそうです。

知人に、オプジーボが使えるがんにかかっていた人がいました。その方が医師に相談したところ、「オプジーボにも副作用があり、それほど多いわけではないが、合わない人は1回目の投与で死んでしまうリスクが高い。1回目の投与が終わって生き残った人は続けて投与できる。しかし効果が出るかどうかは患者次第。どうしますか。それでも使いますか」と究極の選択を迫られたそうです。

結局、その人はすぐ死んでしまうリスクを選択してオプジーボを投与することにしたそうです。投与の結果、生き残り、がんの病状は改善しているということです。

私が同じ立場で、妻に遺産をすべて相続してもらえる準備が整い、自宅で自分のモノの断捨離を行い、妻の希望に沿うように資産管理法人を廃業、清算して、私名義のワンルームマンションの売却もすべて済んだら、リスクが管理できたと考えて、オプジーボの投与を希望すると思います。株と違い、本当に命を懸けた選択です。

株とは違い、本当に死ぬか生きるかの選択を、これから新薬や新しい治療法が出てきたときに繰り返していくことになります。リスクは避けるのでなく管理して（＝自分が死んでも家族が大丈夫なような準備をしっかりと整えておくという意味で使っています）、生き残れるようにリスクを取っていきたいと考えています。


いくら稼いでいても交通事故で急に死んでしまったら、自分が知らなかった法定相続人が出現して、私が妻と作った遺産を食い荒らしに来る可能性もあるということを、電話をくれた後見人をしていた友人からも、他の知人からも聞きました。

お金については、作るばかりではなく、愛する家族に残す準備も事前にやっておくべきだったと痛感させられた時間を過ごしたので、資産運用の本題からは少し離れてしまいますが、読者の皆さんのためにもなると思い、紹介させていただきました。

第3部

これからの世代に書き残しておきたいこと

第3部

これからの世代に書き残しておきたいこと

第1章

これからの投資家たちへの遺言

～ここまでのまとめ～

1 短期投資には圧倒的な才能が必要

第3部では、本書の「まとめ」として、書き残しておきたいことを再構成して紹介します。ある意味、これからの投資家に伝えておきたい私の「遺言」とお考えください。まずは、短期トレードについての私の考えをご紹介します。

●

私は、超短期投資のことをヤマカントレード（＝とても気に入っているネーミングです。拙書の中で紹介したことのあるカンニング投資法という言葉と同じくらい気に入って使っています）と呼んでいます。私も、ヤマカントレードで真剣に相場と格闘していたことがありました。

短期トレードで成功している投資家は長年の投資でヤマカンが発達しています。ちなみに、短期トレードを上品に表現すると『裁量トレード』になります。

ヤマカンは「感覚」という言葉に置き換わります。結局、多くの実践で培われた、経験に裏づけされた自信が儲けの源泉です。

だから、ヤマカントレードの達人は、初心者に説明するときは『私は数ある銘柄の中から、今後、上がる銘柄を選ぶ自信がある』と言い切ることが多いです。

この自信がなければ成り立たないヤマカン投資なのですから、当然のことであり、そして確かに上手に鞘を抜きます。

きれいに表現するなら、「ヤマカントレーダーは経験に裏づけされた自信を最大の武器に儲けを稼ぎ出す狩人」というものになります。過去に大きな富を作り上げた伝説のトレーダーには、このタイプがとても多いようです。


長年、株式投資に携わってきて、はっきりわかったことがあります。それは「株価は決して自分の思い通りには動いてくれない」ということです。そして、その思い通りに動かない株価の未来の動きを、センスと経験で事前に予測して、動くことができる。それがヤマカントレーダーの本分です。

先述したように、私もかつてはヤマカントレードを中心に投資をしていたことがありました。ただ、中古のヤマカントレーダーで、腕もヤマカンもさびついていたため、努力はしましたが、それほど上手にはトレードできませんでした。

どんな世界でも最後はセンスです。そして、センスはどれほど努力しても作れないものです。
ある程度は経験でカバーできても、本当に大きく資産を増やせるヤマカントレーダーの数はそれほど多くはありません。1億円や3億円くらいまでなら、そこそこのセンスさえあればヤマカントレードでも可能でしょうが、数十億円の資産をヤマカントレードだけで作り上げるトレーダーは、本当に才能がある人だけだと思います。

なかには才能があり、みるみるヤマカンを発達させて、いわゆる「億り人（＝億を稼ぐ人）」になる天才肌の初心者も存在します。
ただ、これはきらめく才能があったからこそ、成しえたことです。努力したからといって誰でも達成できることではありません。

当たり前のことですが、ヤマカンでやれば、ほとんどの初心者は大損します。「損を経験に換えてヤマカンを磨くしか、ヤマカントレードは大成できない投資法である」と覚悟して、最初のうちは、市場のカモになるのを我慢して続ける根性は、普通の初心者にはないからです。だから、ほとんどのヤマカントレードを目指す才能のない初心者は損をして、我慢できずに最後は脱落します。残念ながら、株の初心者に向いている売買方法ではないと思います。

また、超短期トレードは株式市場が開いている間はパソコンの前に釘付けにされます。これは、私にとっては苦痛でした。「サラリーマンを辞めて他人に時間を束縛されることなく、自分の好きなことが自由にできるはずなのに、わざわざ株式相場の奴隷になりさがることはないのでは？」と考えてしまったのです。

●

以上の話からもうおわかりのように、結論を言うと、私は、短期トレードはお勧めしません。特に、初心者のうちは、魅力的に見えても、短期トレードに手を出すものではないと思っています。

どうしても短期投資がやりたいのであれば、最近ではデモトレードなどもありますので、そこで徹底的に、相場の見方やエントリー＆決済（利食い＆損切り）の練習をしてからでないと、あっという間に退場させられてしまうと思います。練習も１００回や２００回では足りないでしょうね。それこそ、最低でも１０００回くらいは必要だと思います。そのくらいの経験を積んで初めてスタートラインに立てるのが短期トレードだと思います。

コラム：大先輩に超短期投資を批判されて……

久々に話をすることができた大先輩の投資家から、超短期投資についての厳しい苦言を頂戴しました。
『お前さんは今、ヤマカントレードで損失を全部取り返したなんて、いい気になって言っているが、お前さんが、今やっているのは投資の王道からは外れている。いわば、丁半バクチみたいなもんだ。そんなことをやっていて楽しいのかね～。そんなもんで稼いだって、えらくもなんともない。
人間は自分がやっていることに影響されて、人間性が変わる。お前さんがやっている丁半バクチを続けていけば、お前さんの人間性が劣化して、悪化していく。こんなことを1年も、2年も続けると、後悔するぞ』
そのときの私はとにかく損を取り戻したくて、超短期投資をやっていました。そのおかげで損失を何とか解消することはできましたが、大先輩の厳しい苦言に、泣けてきてしまいました。自分でも密かに「何をやっているんだか」と思っていたことをズバリと指摘されて、返す言葉もなかったからです。

投資をするつもりだったのに、バクチに終始して、利益を取り返したと喜んでいた自分のバカさ加減に嫌気が差しました。

やはり、一時的に株価が下がって含み損となろうとも、本当に技術力があり、資産背景も十分ある企業を中長期の時間軸で持ち続けていくスタイルのほうが、長い目で見れば資産形成には絶対に有利だと考え直しました。「超短期で少しぐらいの利益を上げ続けても、せいぜいお小遣い稼ぎができる程度で、植林をして大きな豊かな森をつくるような資産形成からはほど遠い」と反省させられました。

私も今（２０１８年）から15年ほど前は、ずっとまともな信念を持って株式投資を行っていました。株式投資を実行していくことで『幸せな投資家』になり、そして最後には『幸せな資産家になる』という目標です。幸せな資産家になるつもりが、いつの間にか損失を取り戻すためとはいえ『儲かればすべてよし』と考えてしまうとは、情けなさすぎます。

今（2018年）から13年前の2005年の4月から、金融機関のペイオフがスタートしました。投資は自己責任という、もっともらしい言葉とともにすべての日本人が運用の荒海に放り出されました。

しかし、日銀の大チョンボが発覚しました。個人の代表的投資商品である「投資信託」の家計保有額が、日銀の統計作成時の誤りで30兆円以上も過剰計上されていたことが判明したのです。

順調に増加しているとされてきた投信保有額が、実際は減っていたことになり、「貯蓄から投資へ」が進んでいると信じてきた証券業界には衝撃が広がりました。

過剰計上があったのは、金融機関や家計など各部門の資産や負債の推移などを示す「資金循環統計」です。同統計では年1回調査方法を見直す改定を行っており、2018年6月下旬発表分の改定値を算出するときに過剰計上が見つかったとのことです。

丁半バクチ打ちになるくらいなら、まだ預貯金で資金を温存していたほうが、まともだと、自分の投資行動を反省しています。

金融の読み書き能力（＝フィナンシャル・リテラシー）を深めていく前に、まず人間として恥ずかしくない行動とはいかなることかを、根本から見直す必要が出てきてしまったわけです。

私は多くの失敗もやってきました。今年も株での運用資産があっという間に前年末比で1400万円も減少しました。このマイナスを取り返そうとしたことが超短期トレードにのめり込んだ原因です。しかし『浅はかすぎました』という一言の評価で終わります。

私は年金がもらえるようになったので、今まで以上にワクワク楽しく生きていきたいと願っています。

丁半バクチは、ストレスが溜まります。怒りやすくなります。心がささくれます。そして心が卑しく、さもしくなります。緊張の連続で、損しないように必死になってバクチ相場にのめり込むことになります。楽しく豊かになる目的に反しています。少なくとも、私の場合はそうでした。今思えば、私には向いていないやり方だったのでしょう。

本来、儲け続けることができれば、それに越したことはありません。儲かれば楽しいですからね。だから、短期トレードがワクワクするものであるなら、それを続けてもいいのです。

でも、稼いでいながら私のようにストレスを溜めている人も多いと思います。損したら損したで苦しみ、利益が上がれば上がるほど、この儲けを失うのではないかと心配してしまいます。

大先輩の苦言のおかげで、「短期トレードは私が目指すものではない」と気づかされました。相場（バクチ）で勝ちながらストレスを溜めるのはおかしいことだと正気に戻ったわけです。私が心からやりたいことではなかったのです。

原稿を書いている今、相変わらず日本の株はトリッキーな動きを続けています。特に大企業の流動性の高い株ほど変な動きをしてくれます。

米国株がリバウンドするなら、出来高の大きな大型株のほうが有利だと考えていました。しかし、予想に反して米国株が戻らないと、内需の小型株で業績が良く、伸びている企業のほうが投資していて安心だと考えています。

私は、相変わらず定期預金から株に戻す予定の資金をキャッシュのままで温存しています。株価のリバウンドがしっかりと見えてきたら、好業績の大型株への投資を増やそうともくろんでいるからです。

負け戦で資金をつぎ込んでポートフォリオを大きくするのは愚策です。しっかりと利益が出始めているときに投資を増やそうと考えています。無理をしないことが一番大事だと考えています。

何のために株式投資をするのか。自分がやりたい投資は何なのか。読者の皆さんも、今の投資手法がご自分にふさわしいものかどうかを再確認してみてはいかがでしょうか。

❷ 超一流の才能で行う中長期投資

ここでは、２つめの遺言として、「中長期投資を勧める理由」についてお話しします。

1 時間を味方につける中長期投資には特別な才能は必要ない

短期投資では、センスが必要なことをお話ししてきました。もちろん、「短期投資のほうがやりやすい（稼ぎやすい）」という人もいると思います。

株式投資で資産を作る道は、それこそひとつではありません。ですから、短期投資をすること自体は特に否定しません。ただ、圧倒的な才能が必要な方法であることだけは、心しておいていただきたいと思います。

一方、短期投資とは違い、私が行っている中長期狙いのバリュー投資ならば、圧倒的なセンス（才能）

は必要ありません。もちろん、努力もしないで結果が出せるような甘いものではありませんが、短期トレードに比べれば、ストレスも少なく、気持ちもブレずに取り組めますから、私はやはり中長期投資（中長期のバリュー投資）をお勧めします。

そもそも、株式投資などの資産運用は、長い人生の友として、生涯継続的に行っていき、トータルで大きな資産の形成ができればよいのです。その点を勘違いされている投資家も多いです。早く大きく稼ぎたいという思いから「レバレッジ（簡単に言えば借金利用の実力オーバー運用）」をかけて株式投資をバクチ化して大損し、最後には市場から強制退場させられる人をよく見かけます。本当にもったいない残念なことだと思います。

個人ばかりではなく、２００８年に入ってからはレバレッジ投資の本丸ともいうべきアメリカの投資銀行が倒産したり、合併吸収されたりして、投資銀行というスタイルそのものが消滅してしまったような感があります。

私は、レバレッジを過大に利用して早く大きく稼ぎたいという欲望を捨て去って、ゆっくりと自分の余裕資金だけを利用した株式投資を続けていれば、時間を味方につけて、大きく資産を育てることができると考えています。実際に、私はそのような投資を行ってきました。この方法ならば、特別な才能は必要ありません。

亀の歩みのようにのんびりではありますが、着実な資産運用を続けてきた私は、日本や世界の経済発展の波に相乗りさせていただいたことで、人より少し早く自由人になることができました。好きなことをして生活できる立場を手に入れることができたのです。

このような自由を手に入れられたのは、株式投資はもちろんのこと、不動産投資や金投資などの資産運用に取り組み、じっくり資金を増やしてきたことの結果だと思っています。

２ 「下がったら買い」には優位性がある　～10年保有できる企業を買う～

投資環境が悪化すると、業績が絶好調だとしても、世界のトップを走る技術力があっても、過去に蓄積してきた時価総額をはるかに超える手持ち資産（＝現預金や投資有価証券や賃貸不動産の含み益など）を持っていても、残念ながら株価を支える要因にはならず、株価のフリー落下を連続で招いてしまうことがあります。

株式投資を始めたばかりの人にとっては、株価の下落は恐怖以外の何物でもないでしょうが、私のように30年以上、株式市場と付き合って、株を売買している投資家にとっては、すべて過去に経験してきた事態であり、「またか」という類のものです。

ブラック・マンデーに始まり、９・１１米国同時多発テロ、イラクのクウェート侵攻から始まった第

1次湾岸戦争、第2次湾岸戦争、リーマン・ショック、東日本大震災。そして現状の米中関税戦争とイギリスの無秩序なブレグジットリスク……。

今回の日本株の暴落も、過去のすべての暴落と同じように、「いずれは企業の業績（すなわち事業価値）と、すでに蓄えて持っている金融資産や土地の含み益（すなわち資産価値）との合計である企業価値にふさわしい株価に戻していくことになる」と信じています。

ある本を読んで知ったのですが、日本の株式市場を検証すると、「下がったら買い」には優位性があるそうです。確かに、長年の経験を通して、私はそれを実感しています。

だからこそ、ストレスなく株式投資を続けていくためにも、「10年間は持ち続けられる世界のトップ企業」に注目し、保有することを勧めています。

あのバフェットも、「喜んで10年間株を保有する気持ちがないのなら、たった10分間でも株を持とうなどと考えるべきではない」と述べています。冷静に考えてみると、10年問題のなかった企業が11年目から急におかしくなるというのは、普通は考えにくいです。10年間大丈夫だった企業は、紆余曲折はあったとしても、確率的に考えて、その後も大丈夫でしょう。20年間、30年間、いやそれ以上も期待できることでしょう。

私も喜んで、10年間（長期間）、株を保有していこうと考えています。

3　中長期投資ならば超二流の力があれば十分

残念ながら、私は超一流の投資家ではありません。1年間に5億円も稼げるような株式投資の名人でもなければ、借金を利用して資産10億円の不動産オーナーになれるような不動産投資の達人でもないのです。読者の皆さんと同じ普通の投資家にすぎません。

私は超一流の投資家とは、「突出した才能を持った人のことだ」と考えています。

株式投資で言うならば、信用取引を活用して、失敗すればたった1日で1億円近くの損を受ける可能性に果敢にチャレンジし、実際に1日に1億円近い損失を被ったとしても、心を萎縮させることなく再チャレンジし、たった2年程度で1億円の資産を10倍（この例では10億円）に増やせる才能のことを指します。

不動産投資で言えば、8億円を借りて10億円の賃貸不動産を買い、地価上昇の恩恵を受けて1年で不動産の価値が14億円になるなど、瞬く間に大きな資産（この例では4億円）を稼ぎ出すような不動産投資家のことを指します。

上がる株を見抜く力、上がる不動産を見分ける力を持ち、さらに借金を恐れずにチャンスのときに行動し、利益をきちんと確保する。超一流の才能と、その計画を実行する行動力がないと、こんなことはできません。

私には、株式投資についても、不動産投資についても、このような突出した才能はありませんでした。

ただし、株式投資でも不動産投資でも、他の資産運用でも、そつなくきちんと利益は上げてきています。そして、資産を増加させています。

私の資産の増やし方は天才の〝それ〟ではありません。リスクを徹底的に管理することで致命的な損失を避けた投資方法によるものでした。臆病なのでリスクを計算し、長い時間をかけて、なけなしの勇気を奮い起こして投資を実行して積み上げてきたものなのです。

それぞれの投資力は普通の投資家とまったく変わらない、誰にでも行うことのできるレベルです。つまり、スポーツ選手にたとえれば、二流どころなのです。二流の力をバランスよく寄せ集め、総合力で闘って勝ち上がっているのです。中畑元巨人軍監督が現役時代に使っていた『超二流』の投資力です。

だから、私の投資の本や有料メルマガを読んでくれた読者の皆さんは、「石川さんの投資法なら私にもできそうだ」という感想を持ってくれます。「その通り。あなたにもできる投資法が、私の投資法です。だから実践してみてください」。このように私は訴え続けています。

二流どころの才能で、それぞれの才能は突出しておらず目立たなくても、その才能を磨きこんでバランスよく配置すれば、超一流にはなれなくても、超二流にはなれるのです。そして、超二流選手になれば、そこらへんにいる努力しない一流選手などは軽く凌駕《りょうが》できます。イチロー選手のような才能と努力する力を持ち合わせることはなかなかできません。でも、超二流で活躍しているスポーツ選手もたくさんいます。

そして、投資に関して言えば、人生を謳歌するため、人生の達人となるために必要なのは、ほとんどの普通の日本人がすでに持っている投資力をよく磨き上げ、バランスよく配置した超二流の投資力だけで十分なのです。

超一流の才能がなくてもまったく問題ありません。目立たないけれども、安定感があって信頼できる投資力や、バランスのよい投資力を学び、さらに実践して経験を積むことができれば、サラリーマンを卒業してもワクワク楽しく生きていくための資産を作ることは十分に可能なのです。

株式投資のやり方によっては、普通の人でも資産を形成できるということを、ぜひ知ってほしいと思います。

無謀なことをするから、失敗するのです。普通のことを、普通にこなすことができれば、株式投資は怖いものにはなりません。

特に、私が実践している中長期のバリュー投資ならば、きついストレスを感じることなく、じっくり資産を運用できると思います。

❸ 老後を見据えて勝ち逃げの仕組みを築いておく

ここでは、3つめの遺言として、「勝ち逃げの仕組みを作ることの重要性」についてお話しします。「勝ち逃げ」については、ここまで何度も話に出てきているので飽きたかもしれませんが、そう思われても伝えておきたい大切な概念だと考えています。老後を楽しく生きていくためには欠かせない情報です。

若い人にとっては「今から老後のことを言われてもピンとこない」というのが本音でしょう。それはわかっていますが、そのときがきてから準備をしても間に合わない恐れがありますので、再度、紹介します。

1　安定的にお金が入ってくる仕組みを作るならばサラリーマンを続けるのも吉

まず、もしも今、サラリーマンの方がいらっしゃるのであれば、2つの理由から、できることなら定年まで勤め上げてほしいと思います。

ひとつめの理由は、株式投資だけで食べていくのは、頭で考えている以上にストレスがたまるからです。もしも下手なことをして資金を減らしてしまえば、その分、生活費に影響してきます。自分ひとりだけならまだしも、家族を抱えていたとしたらどうでしょうか。

要するに、失敗しにくいガチガチの状況になってしまうと、力を発揮できなくなる恐れが出てきます。株式投資では、百戦百勝はできませんから、失敗しても大きな痛手を受けないような仕組みにしておかないといけません。

その点、サラリーマンという別のお財布（サラリー）があると、余裕ができます。仮に株式投資で損失を出してしまったとしても、サラリーマンとしてのお給料があれば、損失を補填《ほてん》できますし、何より、生活費にまで影響を与える恐れは少なくなります。

2つめの理由は「年金」です。第1部第1章の第4節で述べていますように（詳細はそこに譲ります）、老後生活を支える資金源としての株、年金、賃貸不動産という私の3本柱の収入源を比較して評価すると、年金が安定度も安心度も圧倒的に優れていると感じています。

したがって、株で大きく稼げたときには、その中から利益の一部をキャッシュに換えて勝ち逃げさせて、私設年金などにシフトしていくのが「老後の安心を作る良い方法だ」と、私の経験上、考えています。

このように、これからは資産運用の基礎をしっかり学んで、サラリーと資産運用益という2つの異なる収入源をしっかり確保することが、老後を見据えたときには大事だと考えています。

もちろん、資産運用に励み、資産運用益がサラリーを凌駕した時点で、自分の好きなことをするために会社を早期リタイアするというライフスタイルを採用しても、それは良いと感じます。自分でワクワクできる新しい仕事を始めるのもよいでしょう。

また、自分の好きな仕事をしている会社に転職するのもよいでしょう。あくせく自分の時間を切り売りしないで、好きなことをして人生を謳歌するのもすばらしいことだと思います。

しかし何事にも修行が必要です。最初からすべて自分でできるという天才もいらっしゃいますが、多くの人々は他人の会社に入っていろいろなことを学んで身につけ、その知識をもって独立していきます。最初から独立するために知識を身につけようという大望を描いている人間と、のほほんと生活費を稼ぐために会社員になりましたという人間の仕事を身につける速さの違いは驚くほどです。このことは覚えておいてください。

2　攻める投資を卒業して守る投資へ

資産を作るための株式投資（攻める投資）は、十分な老後資金ができたときにはやめるべきだと考えています。

しかし、資産を減らさないための株式投資（＝守る投資。インフレに対抗するための経済防衛戦争力・戦力の確保という意味の株式投資と考えてください）は、十分な老後資金が確保できた後でも必要だと考えています。

ただ、増やすための投資対象の株と、減らさないための投資対象の株は、少し違ってくると考えています。

例えば、高配当の株に投資するように、インカムゲイン狙いの投資（＝売買益に依存しない投資）などがわかりやすいかと思います。

また、世界のトップ企業に投資することも、守るための投資と言えるでしょう。

もちろん、減らさないための投資対象である企業の株も、株価が上昇して資産の増加に寄与することは十分にあり得ます。むしろ、そのような企業の株価が上がるスピードのほうが速いかもしれません。

そうなったときは感謝して利益確定をして、上がってしまった銘柄よりも、資産の防衛に向いている銘柄に淡々とシフトすることが必要になってきます。

3　若いうちから勝ち逃げスタイルを作り始めておく

私の運用資金は、いろいろな資産を動き回っています。すでにお話ししているように、株の利益で自宅を購入し、ワンルームマンションを買って、ゴールドも買いました。私設年金の資金も株で作りました。そう結論付けても大きな間違いはないと考えています。

このように、株式投資で大きく稼げたときに、株の資金を他の資産にシフトすることは、『勝ち逃げする』ことになると思います。

私設年金や公的年金など、株とは違う別の資産（＝お金を生んでくれるニワトリに育つ可能性がある卵、すなわち資産）を買っていたおかげで、来年（２０２０年）からは、1年ごとに安定的に家計に入ってくるキャッシュの金額が増え始めることになります。

株で一時的に大きく稼ぐことは誰でもできます。このことについては、２０１２年11月から起こったことを見れば、日本株に投資していた投資家ならば、それなりに良い思いができたので、否定する人は少ないでしょう。

でも、日経２２５の「1日での下落率の大きな日」をランキングして並べてみると、２０００年以降は、数年一度、お約束のように大きな下落が起きている、とわかります（次ページ参照）。また、このランキングに出ている数値ほどではありませんが、毎年、ある程度の下落は起きています。

毎年1回は下落が起こるならば、その下落を利用するやり方を覚えておきたいところです。

◆日経225の過去の１日での下落率ランキング

順位	年月日	日経平均値	下落率	下落の理由
1	1987年10月20日	21,910	—14.90%	ブラック・マンデー
2	2008年10月16日	8,458	—11.41%	リーマンショック
3	2011年3月15日	8.605	—10.55%	東日本大震災
4	1953年3月5日	340	—10.00%	スターリン暴落
5	2008年10月10日	8,276	—9.62%	リーマンショック
6	2008年10月24日	7.649	—9.60%	リーマンショック
7	2008年10月8日	9,203	—9.38%	リーマンショック
8	1970年4月30日	2,114	—8.69%	スイスＩＯＳショック
9	1971年8月16日	2,530	—7.68%	ニクソン・ショック
10	2013年5月23日	14.483	—7.32%	★ アベノミクス反動安
11	2000年4月17日	19,008	—6.98%	ＩＴバブル崩壊初日
12	1949年12月14日	98	—6.97%	ドッジ・ラインデフレ
13	2008年11月20日	7,703	—6.89%	リーマンショック
14	2008年10月22日	8,674	—6.79%	リーマンショック
15	1953年3月30日	318	—6.73%	スターリン暴落余波
16	2001年9月12日	9.610	—6.63%	9．11同時多発テロ
17	1972年6月24日	3.421	—6.61%	ポンドショック
18	1990年4月2日	28.002	—6.60%	不動産総量規制(バブル崩壊)
19	2008年11月6日	8.899	—6.53%	リーマンショック
20	2008年10月27日	7.162	—6.36%	リーマンショック
21	2008年12月2日	7.863	—6.35%	リーマンショック
22	2013年6月13日	12.445	—6.35%	★ アベノミクス反動安
23	2011年3月14日	9.620	—6.17%	東日本大震災
24	1991年8月19日	21.456	—5.95%	ソ連でクーデター
25	1971年8月19日	2.190	—5.93%	ニクソン・ショック余波

例えば、収益の面でも、財務の面でも問題のない企業が、業績自体にマイナス面は見られないのに連れ安で下がっているならば、下がり切って反発したところで買うなどはひとつの手です。

下がったところで買った株が上がったならば、しっかりと利益を上げて、大勝ちしたときには欲張らずに大勝ちした株から勝ち逃げして、その資金で長い老後をホッコリと安心して暮らせる状態を構築していく（例：株式市場以外の資産への投資や高配当銘柄・優待株銘柄への投資など）。もしくは、愛する家族のことを考えて遺す投資（＝世界トップ企業への投資など）を実践する。こんな勝ち逃げスタイルを身につければ、誰でも着実に老後の安心が作れると思います。

もちろん、そのためには、まず株でしっかりと利益を上げる方法を身につけることが、最初の一歩になります。その一歩としてお勧めなのが超二流の投資力でもできる中長期投資なのです。なかでも、バリュー投資であれば、過度なストレスを感じることなく実践できるはずです（詳細については第1部第2章に譲ります）。

私自身としては、やむにやまれぬ無念の選択で、副業（＝会社勤め）を辞めて専業投資家という道を歩き始めたわけですが、当然のごとく、株式投資の利益だけで生活するという生活設計モデルは考えていませんでした。

そのため、株式投資で大きく稼げたときには、その時点では株に資金をすべて置いとくほうが絶対に有利だと思えても、株から資金を分離して賃貸不動産や私設年金とかゴールドなど、株とは違う動きをする資産（＝お金を生んでくれる卵）に資金を移すとともに、自宅やワンルームマンションを購入するために借りたお金を返し続けてきたのです。

もちろん、すんなりと株から他の資産に資金を移す決断ができたわけではありません。資金を移すタイミングなどの時期でも迷いましたし、何に投資をするかでも、いろいろな迷いがありました。しかし、年金生活にあと一歩まで来た段階で自分の投資生活を振り返ってみれば、この作戦は大当たりで、大正解だったと安堵しています。

私が老後の安心を築けた最大のコンセプトは株式投資で大きく稼げたときに、株から資金を他の資産にシフトすること、いわば『勝ち逃げする』スタイルを貫けたことだと確信しています。大きく稼げたときの実効策として、本書の読者の皆さんにも、今から始めてほしいと思います。

第2章

株式投資は簡単ではないけど素晴らしい。たくさんの宝物を与えてくれる

1 宝物その1：株式投資は資金を増やす手段となった

株式投資は楽して儲かるような簡単なものではありません。でも、やるべきことを真面目にきちんとこなせば、素晴らしい宝物を与えてくれます。本書の締めくくりとして、その話をしたいと思います。

●

私が株式市場で得た宝物は、まずお金です。株式投資をすることで資金を加速度的に増やすことができました。

私は投資でも仕事でも、最小のエネルギー投入で最大の成果、メリットを得ることを考えて行動しています。

例えば、株式投資についていうならば「楽して稼ぐ」という言い方をしています。「楽をする」というと誤解を受けやすいかもしれませんが、努力もせずに稼げるということではありません。最小のエネルギーで最大の成果を得るという意味で使っています。自分の持つエネルギーを一番有効に活用できると考えているのです。

株式市場で得たお金を株でさらに増やすばかりでなく、（昔は）一部を日本のワンルームマンションや香港のファミリーマンションに投資することによって、不安定な株式投資での収益を安定的な家賃収入に変換するということも実行してきました。

香港のマンションは現地の不動産価格が暴騰して現地通貨建てで買い値の3倍になったとき売却しましたが、ワンルームマンションは国内に10室所有しています（第2部でお話ししたように清算予定です）。

香港のファミリーマンションを購入したのは中国で天安門事件が起きた直後でした。その勇気が出たのも、株式投資によって利益を得ていたことによる安心感からでした。

私が著書を出していた2005年ごろは、日本の株式市場が非常に好調で、儲けることよりも損をしないことに重点を置いている、投資家仲間に言わせると「リスクを取らない株式投資家」である私の手法でも資産は増えました。その増加額が過去最大のものになりました。

不動産投資や金投資など、資産運用すべての収益は2003年からの3年間で8000万円を超えました。この資金を得たことで、生活費をサラリーマンとしての給与収入に依存しなくても大丈夫になりました。つまり、経済的独立を達成することができたわけです。そこで、心の風邪をひいていたこともあり、好きなことを実行することにしました。より有意義な人生を送るために、勤めていた会社を退職しようと決断したのです。


当初の予定では、金融リテラシーを伝授するための講師としてセミナーを行うことを考えていました。しかし、投資の学校をやろうと一緒に計画していた勉強仲間が、方針を変更して投資の学校の開設を延期したことで、私も考え直し、結局、知り合いがスタートさせた「ＩＰＯを狙っているベンチャー企業数社を支援する事業」を、短期間、お手伝いしました。

またＮＰＯ法人を設立し、情報リスクを国や企業や個人がどのように把握して、どのように守っていけばよいかを啓蒙するという、これまたワクワクする仕事に参画できることになったので、当面はＮＰＯ法人の仕事に注力をすることになりました。もちろん、その期間も金融リテラシーの教育面についての単発のセミナー開催なども行いました。

株式投資も不動産投資も、いろいろ乱れ飛んでいる情報をいかに的確に把握し、かつ、正確に分析するかによって、投資成果は大きく違ってきます。実は、金融リテラシーの一部として、情報リテラシーは非常に大切な能力となります。ＮＰＯ法人では事務局を引き受けて、いろいろなセミナーも企画しました。

このように好きなことを、自分で自由に選択できるようになったのは、生活費を得るために自分の時間を切り売りしなくてよくなったからです。経済的独立を達成したことで、毎日、ワクワクできる充実した日々を送れるようになりました。私にとっては、これが株式投資を実行したことによる一番直接的な成果です。

❷ 宝物その2：己を知ることができた

株式投資を実践することで、毎日、自分の欲と恐怖に振り回されることにより、今まで知らなかった弱い自分に出会うことになりました。

まだ余裕資金がほとんどないうちに株式投資を始めて、1カ月のサラリー以上の金額をよく知らない東証第二部の株につぎ込んだり、1年間の総所得に近い大きな金額を1銘柄につぎ込んだりする大胆すぎる自分にも出会いました。

また、自信を持って投資したのに、値下がりにおびえてすぐに売ってしまう、臆病な自分にも出会いました。

欲をかきすぎずに、ほどほどで売っておけば、年率40％も儲かったのに、もっと稼ぎたいと強欲をかいたために、その後、値下がりに直面して、儲けるどころか損をしてしまうような情けない体験もしました。

悪いことばかりではありません。けっこう我慢強い忍耐力のある自分にも出会うことができました。

株式投資をするまで気づかなかった、自分の良い面を知ることができたことは収穫でした。

このように、株式投資をするまでは、まったく知らなかった自分を新しく発見することができたのです。

株式投資で利益を継続的に上げていけるように考えることで、自分自身を訓練することができたことは、私の大きな財産になったと思います。

例えば、株式投資で他人の意見を鵜呑《うの》みにして失敗して損をしたとき、最初はその銘柄を教えてくれた相手のせいにして恨んだりしていましたが、実は株式投資で失敗して損をしたのは、すべて自分の責任だと自分で認められるようになりました。


それまでは、投資判断を間違えたときなど、その判断に影響を与えたものに責任を転嫁して、自分の責任を自覚していない場合もありました。

しかし、失敗するたびに、自分の責任を何かに転嫁していたのでは、失敗の原因を突き止めて、次回に生かすことはできません。

そのように反省してからは、店頭で注文したとき、その注文を間違えて出されて、失敗してしまった場合も、「注文の内容を確認してもらわなかった自分の責任だ」と考えるようになりました。

このように自分の行動の結果として起こったことを自分の責任だと考えるようになってから、重要な事項では再チェックなどを行うようにしています。

とはいうものの、ネット証券では、大事な場面で、誤発注して痛手を受けることも時々あります。焦って注文内容を確認していないときに起こります。

ただ、誤発注したときは、結果オーライということはしないで、利益が出ていても、損が出ていても一旦は清算して（＝買ったものは売り、売ったものは買い戻す）、その後もう一度買うか、売るか考えたうえで、状況を冷静に判断してから落ち着いて売買を行うようになりました。

このようにリスク管理が段々身についてくるようになりました。

３ 宝物その３：悪しきプライドを捨てることができた

「プライドの高い人は相場に向かない」と自分の本などにも書いていますが、そういう自分こそ、けっこうなプライドを持っていると感じることがありました。

プライドは仕事をきちんと行っていくためには必要なことだという意識もありました。しかし、過剰なプライドは自分のためにも人のためにもならないことを株式投資で体験させられました。

ところで、プライドとは何でしょうか。広辞苑には「誇り。自尊心。自負心。矜持」と書いてありました。こう見ると素敵なことですよね。ただ、もう少し詳しく調べてみると、良い意味ばかりでなく、悪い意味で使われていることもあることがわかります。

「自分の能力や家柄、容姿が優れていると自慢すること。自分自身が人より優れた存在だとうぬぼれること」のように、ちょっと鼻持ちならない意味に使われることもあるわけです。このうぬぼれや自慢という感情は、自分に対するおごりから発生するマイナスの感情です。

この悪しきプライドを持って相場に対処すると、「自分の投資判断が正しくて、現在の相場が間違っているのだ」などと思ってしまったり、「自分の投資判断が絶対に正しい」などと意地を張るようなことも起こります。その結果、大損をしてしまうこともあるわけです。相場で利益を上げることにおいて、こんな悪しきプライドは無意味なのです。


では、良いプライドとはどんなことなのでしょうか。私は、良いプライドとは「自分を信じることだ」と考えるようになりました。信じるのは自分の判断（＝考え）ではなく、自分そのものです。ですから、相場と対峙して自分の判断が間違いだとわかったときは、自分の判断を勇気を持って「間違いだった」と素直に認めることができるようになりました。自分を信じていればこそ、間違いを「間違いだ」と認めることができるようになったのです。

実は、「自分の判断を捨てられない」という感情は、「間違えたと認めると、自分の価値が下がる、価値が下がるのは耐えられない」という考えから発生します。

でも、良いプライドを持っている人間は、「自分の価値が判断の間違いなどで減ってしまうほど小さなものではない」と知っています。自分をとても大事にしているからこそ、〝愚かな感情に引きずられて間違った判断に固執する危険〟を避けることができるのです。私はこれを「自分自身に誠実なこと」と考えることができるようになりました。

投資ばかりでなく、企業でも社会でも、悪しきプライドを守るために人を平気で傷つける人間がいます。自業自得という言葉があるように、そんな人間はいずれ自滅していくでしょう。

そして、相場では、特に自分自身との戦いを余儀なくされます。悪しきプライドに代表されるようなマイナスの感情を抱えていては、自分本来の力を発揮することができません。悪しきプライドに固執した結果として、大損をして相場から退場させられてしまう可能性も高くなります。

仕事でも相場でも、人生でも、自分を信じ、自分の判断を信じてチャレンジすることは、本当に大事なことです。

しかし、慢心し、過信してはいけないのです。常に自分の判断が正しいのかを再度確認したり、検証したりする作業が必要です。株式投資では本当にそんな訓練をたくさんさせてもらえました。

人間には判断ミスはあり得ます。ですから、判断ミス自体をウジウジ悔やむ必要はありません。判断ミスと感じたら、素直に「ごめんなさい、間違えました」と認めることが大切なのです。そして、すぐに「どう対処したらいいか」を全力で考えるのです。相場では、問題が起こったとき、そのときにできる最善の策を考えて、すぐに実行しなければ損を拡大してしまうことになりやすいです。

ときには、損切りが必要になることもあります。損するのは非常に堪《こた》えます。経済的にも痛いですし、心にも大きなストレスを生じます。しかし、このとき悔やんだりして時間を浪費してはいけないことを身にしみて学ぶことができました。

株式市場とは多くの人間の欲望と恐怖がぶつかり合う場所でもあります。傲慢では生き残ることはできません。勇気を持って悪しきプライドは捨て、謙虚に、しかし自分を信じて株式投資にチャレンジしていく訓練は、仕事でも人生でも大いに役に立ってくれています。

❹ 宝物その４：リスクを管理できるようになった

株式投資では、「リスクは避けるものではなく管理するものだ、コントロールするものである」ということを学べます。株式投資では株を売ったり買ったりしないと儲けることができません。その代わり、投資をしないと損をする危険もありませんが、儲けることもできません。

「自分は株式投資をしていないから、株が下がっても関係ない」と考えているサラリーマンがいたとしたら、それは、とんでもない勘違いです。自分たちの大切な企業年金も国民年金も株式に投資されている部分があります。自分自身が運用していないだけで、自分たちのものである年金は株式投資にも回されているのです。

同じ自動車に乗っていれば、自分で運転しなくても、その自動車が事故を起こせば一緒に乗っていた自分も損害を受けることもあるのです。どうせ同じリスクを背負うなら、人任せにしないで自分でもリスクを管理しながら、リスクを取っていく人生も素晴らしいと私は考えています。

あなたの人生も私の人生も自分自身で行動してはじめて開かれていきます。つまり、自分の人生のページは自分自身でめくっていくしかないのです。そして、人生が素晴らしいのは、そのページに「何を」書き込むのかも自分の自由だということなのです。

ただし、何を書くのも自由だけれど、書き込んだことには自分が責任を負わなければいけないというルールがあります。望みを次々かなえていく人は、そのことを知っていて行動していく人です。しかし、サラリーマンの中には、仕事でも人生でも失敗を恐れて動けなくなってしまっている人がたくさんいます。結果への恐怖が自分の行動を規制しているのです。

投資では自分自身の「損したら嫌だ」という心理が行動へのストッパーとなります。サラリーマン生活でも同じことが考えられます。多くのサラリーマンは、自分が失敗するのは怖いという「失敗を嫌う心理」と、上司などから受ける「責任追及への恐れ」の二重構造から、思いを行動に移せないことも多いです。読者の皆さんの中にも、恐れの二重構造を経験されている方がいらっしゃるのではないでしょうか。

自分の行動を抑制するのは、やってみなければわからないことに対する恐れ、うまくいかないかもしれないという結果への恐れなのです。でも、世の中には「やってみなければわからないこと」が本当にたくさんあります。やってみると案外簡単にできてしまうことも多いのです。だからこそ、仕事でも人生でも、結果への恐れを克服して勇気を振り絞って行動していくことが大事になるのです。チャレンジしていくことが自分の人生を切り開いていくことになるのです。株式投資では、そのことをとてもたくさん体験することができます。

「株を買って儲けたい。でも、この株が上がるかどうかわからない。実は、損する可能性のほうが高いのではないだろうか。もう怖くて株なんか買えない」

やってみなければわからないのに、こういう思考回路に陥る人がいます。だからこそ、自分が勇気を出して買えるための「根拠」を自分なりに探して納得していくことが必要になってきます。それがテクニカル分析であったり、ファンダメンタルズ分析であったりします。そして、自分の欲と恐怖をコントロールしながら、自分で判断し、決断し、勇気を持って投資を実行した人が儲けを手にできるわけです。
このような投資体験を積み重ねるうちに、「リスクとは避けるものではなく管理するものである」ということを、身にしみて理解し、自分のものにしていくことができるのです。この体験はサラリーマン生活を豊かな実りあるものにするためにも大切なことです。

個人に降りかかってくるリスクにはたくさんのものがあります。

例えば、自分の財産に対するリスクがあります。自然災害や人的災害で自分の財産が減少するリスクがあります。火災や地震や雪害、泥棒や詐欺などたくさんのリスクが考えられます。

仕事についてのリスクもあります。サラリーマンには勤めている会社の倒産やリストラなどのリスクが考えられます。

自動車や自転車を運転していれば、他人に損害を与えて、損害賠償をしなければならないかもしれないリスクがあります。パソコンでインターネットをすると自分の情報がパソコンから漏洩するリスクがあります。不倫の証拠メールや写真がインターネット経由で世間に公開されてしまい、家庭も名誉もすべてを失った人も出てきています。会社でセクシャルハラスメントやパワーハラスメントを受けて精神的に追いつめられ、人間性喪失のリスクを受けることもあります。

人生を実りあるものとするためには、自分のまわりにはどんなリスクがあるのかを知り、そのリスクをどのように管理してコントロールしていくかを考えて行動していかなければなりません。そのための判断力、決断力、行動力を学ぶにあたって、株式投資を行うことはとても役に立つでしょう。

5 宝物その5：感情のコントロールが身についた

株式投資で一番自分の自由にならないのが株価の値動きです。株価が自分の思うように動いてくれたら、どんなに素晴らしいことでしょうか。

でも、どんなに努力しても、株価を自分の思い通りには動かすことはできません。

私は株式投資で安定的な利益を上げよう、儲け続けようと思うなら「家庭を大切にしましょう」と言っています。

男性には「奥さんに花を買って家に帰ろう」と提案しました。家庭が円満で幸せならば、投資家は強くなれます。家庭が円満なら、心も穏やかでしょうから、きっと株式投資でも勝てると考えています。

もちろん、家庭が円満でなくても稼ぐ投資家はいます。なぜ稼げるのかというと、心が強いからです。

しかし、株で稼いでも家庭が円満でなければ空しいのではないかと個人的には思っています。

株式投資では、売買するとき心にプラスの感情（楽しさや安心感など）が生じていれば、言うまでもなく心が落ち着いてきます。落ち着いて投資を実行すると、不思議なことに、その売買はうまくいきます。好調に利益を上げることができます。

逆に、マイナスの感情（不安や怒り、苛立ちなど）が生じていれば、心が乱れ、ささくれ立ちます。こういうときに売買しても、まずうまくいきません。

このように、心の状況は自分の投資行動やパフォーマンスに大きな影響を与えるのです。人は社会生活や投資活動においてさまざまな感情を抱き、不安定な心の状態を作り出しています。しかし、勝てる投資家というのは、この心の状態が安定しているのです。


心は鍛えることができます。私は株式投資で稼ぎ続けられる投資家になるために、いろいろ心を鍛えることもやりました。

メンタルトレーニングを行い、強い心、安定した大きな心の状態、鉄壁の不動心を作り上げることができれば、投資に好影響を与えると考えたからです。この努力は報われました。残念ながら、鉄壁の不動心などというものは、私には手が届かないものでしたが……。

ただ、心は強化されて、自分の強い味方になってくれました。仕事を成功させるうえで精神的に弱い人よりも精神的に強い人のほうが有利だということを否定できる人は少ないと考えています。

私たち投資家は株式市場のさまざまな状況、また自分の生活のさまざまな状況から生じる感情に大きく左右されます。私も例外ではなく、夫婦喧嘩をした日には不機嫌で人に厳しくなります。そういう心の状態のときに投資をやっても、やはりうまくいきません。

投資の場合は自分の感情のコントロールができているかどうかによって、すぐに損益に影響が出てしまいます。優れた投資家は自分の感情をコントロールする術を真剣に学んでいます。そして身につけています。

メンタルな要素は、株式投資の成果に直接的な影響を与えます。それも大きな影響を与えます。このことを覚えておいてください。

❻ 宝物その6：コントロールできないものに固執しなくなった

親戚のおてんば娘が幼稚園児のころ、椅子の上で遊んでいて、頭からゴツンとフローリングに落ちたことがあります。

泣くのかなと思って見ていたら、痛そうな顔をしていましたが「エヘヘヘヘ……」と恥ずかしそうに笑って、まったく泣きませんでした。

私が「泣くかと思った」と言ったら、「泣いて痛くなくなるなら泣くけど、泣いても痛さは同じだから泣かないことにしたの」と言われてしまいました。幼稚園の子に教えられました。

知ってはいても、自分ではコントロールできないことを悔やんで、感情的に引きずられる状態は、けっこう多く起こりました。

しかし、株式投資で問題が発生したときに、感情にとらわれていてやるべきことをやらないと、損失が拡大してしまいます。そういう痛い思いをしていくうちに、自分ではコントロールできないものに気をとられず、自分でコントロールできるものに集中することが大切だ、ということを実践できるようになりました。

株式投資において、利益確定はコントロールしにくいものです。ですから、流れに任せるのもひとつの手だと思います。

しかし、損切りは違います。これは、完全に自分でコントロールできます。損をしているときは流れに任せてはいけないのです。

私たち投資家は、コントロールできるものについては、コントロールすべきです。つまり、投資家にとって、損切りは、うまくコントロールすべき作業なのです。

7 宝物その7：ストレスとの付き合い方が身についた

株式投資では損をすることも多いです。私も、２０１８年末の株価の暴落では、１週間で５００万円ずつ、約半月で１８００万円近くの運用資産減を経験しました。

たった半月で運用資産の20%近くを失うと、さすがにストレスが高まります。しかも、私の場合は「もしかしたら2カ月後にはこの世にいないかもしれない」という状況下でのストレスです。

現代社会はストレスの多い社会ですが、原始時代の人間はもっともっとストレスの多い生活をしていました。

その日を生き延びるために狩りをしなければいけないし、獰猛《どうもう》な野獣など強敵もたくさんいました。

例えば、私たちを脅かす野獣に出くわしたとき、逃げるか戦うかの決断を迫られます。そのとき逃げ出したり戦ったりするためのエネルギー源がストレスだそうです。

ストレスというのは本来、生物が刺激に適応していくために必要不可欠のもので、ストレスがなければ私たちは生きていけないのです。

適度のストレスは、心身を活性化させ、エネルギーを与えてくれます。これは、良いストレスです。でも人間関係の摩擦とか、過労とか、私たちに慢性的な負担をかけてくる悪性のストレスもあります。

大きなストレスと小さなストレスでは、小さなストレスのほうが危険だそうです。無責任ですべての責任を丸投げしてくる上司、ミスばかりする部下、いつも人のうちを覗き込んでいるような感じの悪い近所のおばさん、交通渋滞、相場での損（笑）。日々のちょっとした怒りや不安、不満などのほうが、慢性的なストレスとなって私たちを脅かすようです。ストレスがかかると、記憶力が3割も悪くなるという外国の大学の研究もあるそうです。


アウシュビッツの地獄を生き抜いたユダヤ人の精神科医ビクトール・フランクルは「強制収容所の地獄を生き延びることができた人は、体が丈夫な人ではなく、未来のビジョンを持っている人。自分が生きる意味を知っている人だった」と話しています。ビジョンがあり、苦しみの中からポジティブな意味を勝ち取る人だけが生き残れたわけです。

ビクトール・フランクルは、自分の生きる意味を考えるとき、抽象的な価値、例えば、忠誠心や祖国愛などよりも、「愛する人や家族に助言したり、人の役に立つというような、日々の具体的な事柄のほうが重要だった」と、言葉に残しているそうです。

私はこのごろ、自分が「なぜそれをするか」「どうして、それを望むか」など、「何のために」をきちんと自分に問い掛けるようにしています。

株式に投資するときも、「なぜこの企業に投資するのか」という理由を明確にしています。そして、その理由が間違っていたり、状況が変わらない限りは、必死で持ち続けるように努力しています。その株に投資した理由が明確ならば、短期的な株価の下落にも耐えられます。

なお、ストレス対策としては、以下のようなものがあります。参考までに紹介します。ちなみに、私が自分で試してみたところ、かなり効果がありました。自分の好みに合わせて取り入れてみてください。

◎夢を語り合える仲間との素敵な楽しい時間を持つこと
◎しつこく居座る否定的な感情（怒りや不安、イライラ、悲しみ、恐怖）を引き起こす原因を考え、その原因を見つけること。その原因を声に出したうえで「●●は問題ない、大したことじゃない」と声に出してみると、本当に大したことじゃないことがわかってスーッと負担が軽くなることが多い
◎不愉快なことが頭から離れずにイライラしたり、いやな気分が続いたら、「ストップ」と叫んで、そのことについて考えるのをやめる
◎友人にその問題について話す。ストレスを追い払う最良の方法は、他の人とその問題について話すこと。「ひとりごと」でも効果が大きい

◎深呼吸をする。ストレスの原因がわかっても、それと闘うのはやめて、深呼吸をして気持ちを静める
◎笑う。ただただ大きな声を出して笑う
◎過去の幸せを思い出す
◎未来の幸せを、夢のかなったときのことを想像してニヤニヤする
◎おまじないを唱える
◎ストレスが忍び寄ってくるのを感じたら「大丈夫、大丈夫」「絶対できる」「間違っても構わない」「完璧は敵だ、とにかくはじめることに意義がある」と言い聞かせる
◎ストレスがなくても「ラッキー、ラッキー、ツイている。幸せ、健康、運がいい。やってできないことはない、やらずにできるわけがない。豊かだ、健康、ありがたい」と言葉として発声する（これは、斎藤一人さんの１０００回の法則）
◎心に引っかかっていることを紙に書き出す
◎ストレスのある仕事の後はひと呼吸おく
◎心に負担がかかっていることは、さっさとやめてしまう
◎株で儲かっているのに、損をするかもしれなくて負担が大きくなりすぎるときは、さっさと利食いを入れてしまう
◎おしっこをするときに放尿の快感とともにいやなことを押し流す。人がいないことを確認したうえで、「〇〇〇なんぞ、小便とともに追放だ。バカヤロー！」と声に出す

◎自分でどうにもできないことには悩まない。例えば、電車が遅れてイライラしても自分ではどうしようもないので、すっぱりあきらめイライラしないことにする

8 宝物その8：敗北とは何かを学べた

株式投資ではたくさんの失敗をします。そして、失敗を成功の母にすることを学べます。株式投資では、実践で学ばないとうまくできないことが多いです。致命的な損害を受けないように注意しながら小さな失敗を繰り返し、少しずつ知恵のある投資家に成長していくことが求められます。自分で実戦で試してみて、ひとつひとつ確実に自分のものにしていかなければならないわけです。

この点でも仕事や人生に共通することが多いのではないでしょうか。

会社や人生において自分の選択、自分の行動の結果がわかるまでには時間がかかります。しかし、株式投資では自分の行動の結果がすばやくわかります。株式投資では売買した途端に結果が出てしまうことも多いのです。そして、それがすぐに損益に結びつきます。失敗も成功もたくさん経験することができます。

大成功者である松下幸之助さんは「成功するまでやれば、成功する」ということを繰り返し言っていたそうです。この話は、松下幸之助さんに信頼されていた先輩の経営コンサルタントに聞いたことがあります。当たり前のことです。

諦めないで成功するまで続けることが大切なのです。失敗は敗北ではありません。本当の敗北とは、「できない」と諦めたときのことを言うのです。

くれぐれも強制的に諦めさせられるような無謀な投資は慎みましょう。生き残りさえできれば、そして、諦めないで続ければ、必ず成功するのですから。投資でも人生でも「諦めない」ということは本当に大切なことなのです。

株式投資を実践することにより、たくさんの失敗をしながら、段々と稼げる投資家に成長する過程で、「投資家は、失敗を成功の母にすることができる」ということも身をもって体験していきましょう。

❾ 宝物その9：失敗と成功について学べた

1　すべての結果は自分に起因する

株式投資に限らず、人生においても、「失敗を成功の母にすること」が大切です。世の中には失敗を良い経験として、成功の母にする人がいます。世の中すべて最初からうまくいくとは限りません。いろいろな試行錯誤をして、成功への道筋を見つけていくことが多いでしょう。

例えば、株式投資で損をする、儲けそこなう。一般的に捉えれば失敗でしょうが、その失敗の原因を自分なりに分析して、同じ過ちを繰り返さないようにすることができれば、進化を遂げることができます。儲けることのできる投資家に成長できます。このように、失敗を良い経験にすることが大切なのです。

しかし、世の中には「失敗を失敗の母」にしてしまう方がいます。そういう人は、どんな人でしょうか。それは、失敗の原因を他人のせいにしたり、景気のせいにしたり、政治のせいにしたり、とにかく自分以外の何かのせいにしてしまう人です。失敗を良い経験に変えずに、失敗の記憶として脳に蓄えていく人です。この場合、失敗したことによるトラウマは残ります。

一番救われない人は、「失敗は自分以外のもののせいだ」と本心から考えている人です。こんな人は、何度失敗をしても、（失敗から）何も学ぶことはできないでしょう。他人のせいにしていては失敗の原因を追究し、次の機会に同じ間違いをしないための対応策を講じることができません。

失敗したことには何らかの原因があったはずです。その対応策を見つけておかなかったら、同じ過ちを何度でも繰り返してしまうことになります。

次に救われないのは、本心では自分に責任があるとわかっていながら、その責任を認めたくなくて、他人のせいだと思い込もうとする人です。

このような人々は「失敗した」という記憶だけを脳の中に蓄えていきます。だから、また次の行動を起こそうとするとき、さまざまな失敗の記憶がよみがえってきてしまうのです。「また失敗してしまうのではないか」という思いが行動を鈍らせるのです。その思いに足を引っ張られてしまうのです。そして、見事に失敗を繰り返すのです。

人が恐れを抱いたことは実現しやすくなります。トリノ・オリンピック女子フィギュアスケートのショートプログラムで1位になった選手について、外国人のコーチが「彼女はプレッシャーに弱い。たぶんフリーの演技では実力を発揮できず、失敗をするだろう。荒川選手が優勝する可能性が高い」と述べていたことが印象的でした。

その結果は、このコーチが話していたとおり荒川選手より成績が良かった2人の選手はジャンプで失敗し、ノーミスの荒川選手が金メダルを獲得しました。大事なときに失敗するという過去の記憶が大きく影響を与えていたのだと感じました。演技をスタートする前の、緊張して不安そうな選手（＝このときの競技で結果的に2位となる選手）の顔を見たときに、彼女の失敗が予想できました。

この話は他人事ではありません。私たちもこんな経験をたくさんしているのではないでしょうか。学生時代に試験で緊張してしまって、実力を発揮できなかったことはないでしょうか。

失敗から良い経験を得られない人は、失敗を積み重ねることによって、どんどん失敗のベテランになっていきます。何をやってもうまくいくとは思えなくなり、その思いのとおり失敗を繰り返すことになります。これは悲劇です。

2　大きな利益を得るためには、失敗は必要だと考える

株に投資をするということはリスクに挑戦するということです。挑戦を恐れる人は、おそらく失敗を恐れているのだと思います。挑戦して失敗し、傷つき、笑われ、損をすることを恐れているから、挑戦することと自体に怖気《おじけ》づいてしまうのです。

でも、「失敗は成功するためには必要不可欠だ」ということを理解すると、挑戦することへの心のハードルは低くなります。

失敗でいけないことは、失敗したことを悔やみ、引きずり、今やるべきことをやらずに無駄に時間を浪費してしまうこと、そして、その失敗の記憶を忌み嫌うべき苦痛の記憶として脳の中に蓄えてしまうことです。

失敗をきちんと分析して、その原因を突き止め良い経験に変えることができれば、失敗は「成功の母」へと変換することができます。難しいことに挑戦して一度で成功するのは難しいのです。失敗を良い経験＝成功の母に変えた人だけが挑戦の勝利者になれるのです。

失敗を経験しないと凡人は成長できません。そして、失敗をたくさん経験した凡人は、失敗したことのない天才を凌駕する成果を得ることができるのです。一番すごいのは失敗や挫折を経験した天才です。「たくさんの失敗が良い経験に昇華することで天才が作られる」という事実を忘れてはいけません。

株式投資で成功する人は、株式投資で損をしたり、儲け損なったりなどの失敗をしたら、その原因をしっかりチェックして良い経験に変えています。そして、失敗したときに「自分を責めないこと」を学んでいます。自分を責めることで、失敗が消えてしまうのならいいのですが、失敗した事実を、自分を責めることで消すことはできません。自分が苦しむだけです。だから、成功する投資家は、失敗をしても前向きに考えて、行動していきます。

投資でも、会社でも、人生でも、同じ過ちを繰り返さないことが大切なのです。株式投資では同じ失敗を繰り返すと、損という手厳しい罰がついてきます。投資をすると、自分の甘さがどれほど手痛い損失を生むかを経験できます。「同じ過ちを繰り返してはいけない」という訓練がこれでもかというほどできるのです。人生修行の場として最適だと思います。

3　失敗しないように動いていると、失敗すると動けない人間になる

投資でも仕事でも失敗を恐れて、失敗をしないように消極的になる人がいます。何か良いアイデアが浮かんでも、「失敗したらどうしよう」と恐れてチャレンジすることをためらってしまいます。常に失敗することばかりを考えて、失敗しないようにすることを最大の目的にして動いています。

最悪なことに、それだけ細心に失敗を避けて動いてきたにもかかわらず、失敗してしまうことは普通にあります。そうなると、失敗したところから動けなくなってしまうのです。

投資に話を移すならば、失敗はつきものです。失敗を恐れてチャレンジすることを忘れたら、すべてが終わりです。人が成功するためには、果敢にチャレンジしていくことが必要になります。行動して失敗したことは、何もしないことよりはるかに勝るものなのです。

野球でも、バットを振らなかったら、ホームランもヒットも打つことはできません。株式投資ではまず株を買うという行為をしなければ、利益を得ることはできないのです。株式投資では、リスクを避けて利益を上げることは不可能です。再三お話ししているように、リスクは避けるものではなく、管理してコントロールするものなのです。このことについては、仕事でも、人生についてもまったく同じことが言えるのではないでしょうか。

4　過去の成功にとらわれてはいけない

残念なことに、「成功を失敗の母にする人」もいます。成功すると、その成功に縛られて、変化できなくなる人がいます。進化論のダーウィンが語っているように「生き残れるのは変化できるものだけ」なのです。

「最も強いものが生き残るのではなく、最も賢いものが生き延びるわけでもない。唯一生き残るのは、変化できるものである」　チャールズ・ダーウィン『種の起源』より

「勝って兜の緒を締めよ」という言葉があります。油断大敵です。勝ったときこそ、勝てた原因を分析し、慢心して下手な手を打たないようにしましょう。

成功を失敗の母にせず、成功を成功の母にしましょう。今の自分の成功に満足せず、より成功するように、一歩でも階段を上りましょう。

今のままで良いと考えたら、進歩が止まります。相場は生き物のように変化していきます。参加する人々も変わり、投資する企業も変わっていきます。今までの成功が明日の成功を約束してくれないのが投資の世界なのです。

だからこそ、投資で成功をしてかなりの利益を稼いだとしても、これで大丈夫だと安心していてはいけないのです。成功を続けるためには、常に成長を止めたらダメになるという危機感を持って、「もっと良い方法があるはずだ」と、自分の投資手法を成長させていかなければならないのです。仕事でもまったく同じだと思いませんか。

5 偶然の成功の怖さを知る。なぜ成功したかを考えよう

人の成功談から本当の成功のエッセンスを取り出すのは難しいです。事実、私がビギナーズラックのおかげもあって株式投資で１３００万円稼いだとき、実はなぜ儲けられたかよくわかっていませんでした。わかったつもりになっていただけでした。だから、そのあと、かなりの間、苦労したわけです。

もしもそのとき、人から「どうして儲けられるの？」と聞かれたら、かなり的外れの回答をしていたと思います。なぜなら、自分自身、儲けることができた理由を正しく理解していなかったからです。

仮に、その当時の私の言葉を信じてしまったとしたら、その人は悲劇でしょうね。一緒に低迷し続けた可能性もあるわけですから……。

また他人にはできるのに、自分にはどうしてもできないことはあります。信用取引を利用していて財産を大きく増やした人を見て、自分も運用資産を増やせば利益が増えると短絡的に考えてしまう投資家

も多いかもしれません。しかし、投資金額が大きいからといって儲けられるわけではありません。逆に、小さい資金でも利益率を高めることは可能です。

信用取引を利用して稼いでいる人は、信用取引を利用したから大きく稼げたわけではありません。投資する銘柄を選択する能力、投資するタイミングのうまさ、逆風になったときの対応策。そういういろいろな能力が、いわば総合力となった結果、稼げているわけです。事実、同じような手法で投資しても、大儲けする人、トントンの人、大損する人は出てきます。

世の中に、こういう例はたくさんあります。成功するためにいくつかの作戦を展開していて、その相乗効果で儲かっている場合も多いでしょうから、そのうちのひとつや2つの方法を聞いても、ほとんど無意味なこともあります。ほかの作戦がわからない限り、同じように投資をしても、うまくいかないことも多々あると思います。


また初心者のときの私のように、稼いでいる本人自身、その成功の理由がまったくわかっていないことも多いようです。それを真に受けて「なるほど」と思って、そのとおり投資し、その結果「大損こいた」と嘆いても後の祭りです。

何しろ、本人は稼いでいるわけですから、仮に勘違いであったとしても、それが正しいと思っています。

バブルのころは、借金して大きく不動産投資をしている人が多かったです。歌う不動産屋さんとか、投げる不動産屋さんとか、そんな有名人もたくさんいました。一時は借金してでも不動産投資をすること＝確実な資産形成の手段だったわけです。儲かっている人は信じていますからドンドン借金を重ねます。銀行も調子に乗って貸しまくるし、真似する人もたくさん出ました。でも、結果はバブル崩壊です。

偶然成功することも素晴らしいことです。ツイているわけです。でも、そこで安心しないで、成功した理由を分析して、偶然を必然に変えてください。それが一番大切なことなのです。

10 宝物その10：克己心を高めることができた

株式投資を行っていくときに、必要なものがあります。それは、自分なりの投資ルールです。投資手法によって、その手法に合った投資ルールがありますので、すべての人に当てはまる投資ルールは多くはありません。

しかし、自分の投資手法に合った投資ルールをきちんと持っている人と、まったく持っていない人では成果が違ってきます。

自分で決めたルールを決めた通りにきちんと実行すること。これが厳しい株式市場で生き残るための要諦です。

勝ち続けることができる投資家になるためには、自分の決めたルールをきちんと守る克己心が必要になります。つまり、自分の投資ルールを作るときには、自分が守れるルールを作らないといけないのです。最初から守れないルールを作っても意味がありません。

実際にやってみるとわかりますが、自分が決めたルールであっても守るのは難しいのです。私も自分の決めたルールを守ろうと悪戦苦闘しています。最後に生き残れるのは自分で決めたルールをきちんと実行できる克己心が強い投資家だと思っているからです。それこそが、勝てる投資家の姿だと私は信じています。

ルールを決めるときは、「そのルールがなぜ必要なのか」を頭に叩き込んでおくことも求められます。自分が生き残るため、損をしないためのルールですから真剣に作る必要があります。自分が納得できるものでなければ、守れるはずもありません。ですから、実際に自分の投資で適用してみて、本当に必要があるのか、守れるルールなのかを考えながら、自分の実態に合わせてルール自体を変えていくことも求められます。

ただし、変えてはいけないルールもあります。それは資金管理のルールです。相場の世界では、「資金管理」が生死を分けることにつながると思っているからです。なぜなら、欲が資金管理のルールを破らせるからです。恐怖がルールを守らせないのです。一度崩すと、一度の例外のはずが次の例外を生み、損失に歯止めがかからなくなります。

資金管理のルールを破ってうまくいくこともあるかもしれません。でも人間は弱いのです。しかも欲がとっても深いのです。資金管理のルールを無視して一時的にうまくいっても、長い目で見れば、ためになるようなことはないと思います。

ルールは破った瞬間にルールではなくなってしまいます。だから、守らなければいけないのですが、なかなか守れないものなのです。

でも、だからといって資金管理のルールをあいまいにして破り続けていると、いずれマーケットから退場を命じられることになるでしょう。自分の決めた資金管理のルールを守る克己心。その克己心以外に自分を守る術はないのです。

事実、私は、自分で決めたルールを守れずに、大きな損失を被ってとても痛い思いをしてきました。その痛みのおかげで、少しずつ自分で決めたルールを守る克己心が身についてきました。

会社のルールと社会のルール、どちらを守るか、選択に苦渋することもありますが、私は勇気を持って社会のルールを優先して守ってきました。どんな儲け話があっても、危ない話は避けるようになりました。「李下に冠をたださず」を実践できるようになってきたというわけです。

11 宝物その11：株式投資は人生よりもやさしいと知ったこと

かなり無謀なことをしない限り、株式投資で命を奪われることはありません。

しかし人生では、私のように突然、末期がんと診断され余命宣告を受けるような命に関わるリスクが、いつでも起こる可能性があります。日本人の2人にひとりは「がん」になる時代です。会社でパワハラを受け、自殺する人が後を絶ちません。学校でも、いじめで自殺する学生も多いです。

普段は気づきにくいかもしれませんが、実は、人生はとても厳しいものです。そんな厳しい人生を歩いている人が、株式投資に恐れを抱く必要はまったくないのです。株式投資は、人生よりもはるかに簡単です。

コラム：最高の宝物、三毛猫のモク　～幸運の招き猫を家族に迎えてから～

２０１６年12月5日に我が家の家族となった幸運の招き猫、三毛猫のモク（＝毛の色に合わせた正式な名前はゴモクです）によって引き寄せられた金銭上の幸運と、癒しと、良いご縁の優しい人々についてお話ししたいと思います。

1　資産増大！　猫は招き猫になる？

今、猫をペットにする人が多くなってきました。猫は癒しであるとともに、特に三毛猫はオスでもメスでも幸運をもたらす招き猫だと私は感じています。

例えば、お見舞いに来てくださった友人（会社を経営）は、捨て猫の子猫（三毛猫ではないようです）を拾って飼い猫にしたら、仕事が増え続けて、売上が2倍以上になったそうです。友人は「猫は幸運を招いてくれる招き猫になることが多い」と話されていました。

ちなみに、三毛猫の99％のうちの１％しかいないオスの三毛猫は幸運を呼ぶ猫として

2000万円も3000万円もするということです。

2年前に保護して家猫にしたのはメスの三毛猫です。家猫になってもらってからは株の運用に関しては、我が家のモクちゃん（ペットのニックネーム）もオスの三毛猫の値段の2倍以上の恩恵を私にもたらしてくれました（モクがやってきた2016年12月から2017年12月までの1年と1カ月で、我が家の株の運用資産は6500万円も増えました）。

去勢して子猫のうちに捨てられたようなので、オスの三毛猫くらいの幸運をもたらしてくれたのかもしれないと感じています。

2　モクの与えてくれた癒しと、私のがんの発見のきっかけ

お金の恩恵も大きいですが、癒しの恩恵はお金の恩恵の数倍はあります。なかでも感謝しているのは、今回の病気のことです。私が精密検査を受けた直接の原因はモクだったからです。

普段は、私が寝転んでコタツに入っていても体に乗ってこなかったモクが、今年（2018

年）は私のお腹の上で寝るようになりました。そのときに違和感を感じました。

モクにお腹に乗られるまでは、背中が苦しいのは、若いころにやったギックリ腰の後遺症だと考えていて、内臓の病気とは思っていませんでした。お腹の調子が悪いとは思っていましたが、医者に診てもらったときも、胃の上部を押さえられたときに痛みを感じたものの、医者も私も、「株暴落のストレスもあって胃の調子が悪い可能性が高いのかな」という程度の思いでした。実際、そのときは、「胃薬で良くなるだろう」ということで終わりました。

避妊をしているので太りやすいモクは食事制限で約4キロの体重を維持しています。去年までは、無理やりお腹に載せても３０分までなら平気でした。

今年は、上に乗られると3分ほどでお腹と背中が苦しくなります。手でお腹から下ろしても下ろしても、お腹の上に乗ってきます。

それが、辛いので「何かおかしい」と思い、もう一度、主治医に胃カメラや血液検査などの精密検査を依頼したところ、すい臓がんが発見されたのです。すでに、がんは転移していましたが、それでも今回のがん発見の一番の功労者はモクだと思っています。

子どもがいないので、モクは自宅にひとりでいる妻を癒してくれる大事な家族です。去年までは、私たち夫婦が布団で寝ても、コタツが暖かい間はそこで丸くなっており、コタツが冷えて寒くなってくると妻の布団に潜り込んでいました。

今年は、一度呼びに行くと、一緒に寝室に来るようになりましたが、夜中に一度は台所の探検にキッチンに行きます。

ところが、私が入院してからは、食事が終わり、妻がコタツで家計簿をつけたりすると、コタツで丸くなるのではなく、妻の膝に乗るそうです。

22時ごろになると、「もう寝室に行こう」と、妻を先導して寝室に入り、最初から妻の布団に入って、手枕で寝るそうです。

自動車で帰宅すると、車の音を覚えているモクは、常に玄関まで迎えに来てくれるそうです。それればかりか、体を擂《す》り寄せてきて甘える、または妻を励ますような行動が続いているということです。

モクの癒しがなかったら、妻はショックで、私よりも肉体的にも精神的にも疲労して動けなくなっていた可能性が高いです。実際、「モクの癒し行動のおかげで、本当に救われている」と妻は話しています。

3　モクがやってきてから、親戚以外の優しい友人が何人も泊まりに来てくれました

モクが家にやってきてからは、友人との付き合いも密になりました。その話を紹介します。

①名古屋支店勤務の30代のころから仲良くなった友人（奥さん同士も親友）

７０歳になった糖尿仲間の先輩と、私と同じ年の奥さんのご夫婦。私と同じ年で、上場企業に請われて転職し、北米や中国、ヨーロッパを担当し、今は旅行会社を経営する私の同期と、その奥さん（この奥さんが、私に「公正証書の遺言が絶対に必要だ」と、私と同じ時期にがんで入院中だったにもかかわらず、電話をくださった人です）。そして、我々夫婦を加えた３家族で沖縄旅行、宮古島旅行を実行しました。

２０１６年4月に出かけた沖縄では当初予定のなかった平和記念公園に寄ってもらいました。終戦間近、必要ない本土からの出撃で戦死した、私の叔父の名前のある石碑に手を合わせることができました。戦死した場所は沖縄美ら海水族館の目の前に見える海だということで水族館にも付き合っていただきました。

②近江八幡の水郷巡りで仲良くなった素敵なお母さんと、優しい息子さん

近江八幡に訪れたとき、同じ船で水郷巡りをしたことがご縁となって仲良くなった方々です。車で駅まで送ってくださり、お土産までいただきました。

よくお2人で自動車旅行をされるということで、出雲大社など島根にいらしたときには、我が家に泊まっていただきました。そのとき、息子さんが奈良の老舗旅館のシェフをされてることを初めて知りました。

私が末期がんになったことを知って、私が退院した2日後に、お母さんと息子さんが一緒に奈良からお見舞いに来てくださいました。息子さんは忙しい仕事をやり繰りして、1日だけ休みを取ってくださったようです。往復約13時間の距離を日帰りで訪ねていただきました。いろいろお話しして、玄関までお見送りしたとき、お母さんの手を握ったら、私も妻も涙が出てきてしまいました。

人生では、思いがけない人との良縁、ご縁をいただいて、いろいろな危機のときに助けていただきました。

ご縁は、本当に大切だと思います。今、お母さんは、奈良に住んでおられるのですが、私の

末期がんが治るようにと生まれて初めてお百度参りの祈願をしてくださったそうです。とても感謝しています。

お百度参りで有名な神社には、「お百度参りの石」が立ててあります。この石から本殿まで行き来することを、文字通り、百回繰り返すのだそうです。けっこう長い距離を夜に歩くのです。百度参りの祈願の内容は、多くは個人的なものであり、その内容が切実なものである場合に、一度の参拝ではなく何度も参拝することで、より心願が成就するようにと願ったものだそうです。

モクが来てから、良いことずくめでした。モクは最高の宝物です。

あとがき

私は資産運用（＝お金に関する投資）では、すべて失敗しないで、65歳直前まで来ることができました。

しかし、一番大切な自分の命を守るための投資では大失敗をしてしまいました。そう感じています。

今の世の中の概念では、自分の命を守ることを投資として考える人はいないと思います。私も死を目前に突きつけられるまでは、自分の命を守るための健康管理を投資と考えてはいませんでした。

普通の人にとってはお金より、命のほうが大切だと思います。命が1番で、その次に大切なものは人によって違いますが、私にとっては、お金を増やすことでした。それが生きがいでした。

お金を好きな人にもいろいろあります。私のようにお金を増やすのが好きな人もいれば、お金を使うことに喜びを感じる人もいます。

お金を増やすのが好きということについても、お金を増やすのが好きな私のような人間もいれば、お金を貯めるのが好きな人もいます。

お金を使うことにもいろいろあります。自分のために浪費することが好きな人もいれば、社会のためにお金を有効に使うことが好きな人もいます。それこそ千差万別です。

私は、16年前に、サラリーマンを卒業して専業投資家になりました。専業投資家という言葉は、16年前の日本の社会ではほとんど使われていなかったと思います。便利な言葉が世の中で通用するようになったので使わせていただきます。

しかし、専業投資家という言葉は浸透しつつあっても、その言葉が社会的に高い評価を受けているとは感じられません。


私が大学生になった1974年には、まだ電卓さえありませんでした。就職した1978年には電卓はありましたが、パソコンはありませんでした。昭和の終わりから平成にかけて、技術進歩の加速度が増した感じです。

その後、インターネットの発達やネット証券の台頭で、個人投資家にとってネックであった株式投資のコストが大幅に低減され、株式投資を利用した資産形成が昔よりも身近なものになりました。

私がサラリーマンを辞めた2003年当時には、自分の資産を「運用」だけで生活している個人投資家が一般の人々の話題に上ったりすることはほとんどありませんでした。

機関投資家などに勤めるサラリーマン運用者の地位は高い（＝社会から重要視され評価されている）けれど、個人で自分の資産運用だけで生活費を稼いでいるような人に対する一般社会の目は、今でもまだまだ厳しいものがあるように感じます。

しかし、私は16年前に、自分だけが顧客の投資顧問業＝投資で生活する個人投資家を目指すことにしました。

私はサラリーマンを約30年やってきて、株式投資はサラリーマン生活よりずっとやさしいと感じるようになりました。

私は元々、何が起こるかわからない人生よりも、ある枠組みの中で守られているサラリーマン生活のほうが簡単だと、ずっと思っていました。「そのサラリーマン生活よりもやさしい株式投資で稼げなくてどうする」という気概で、専業投資家としての16年間を生きてきました。


世の中に通用する言葉になったものに「パワハラ」があります。昔も多かったように思いますが、パワハラを理由に自分の命を絶つ人の数は、今のほうが多いです。

私もうつ病になったことがありますから、「追いつめられると死を大きく意識してしまう」ことは痛いほど理解できます。そのときの経験があったからこそ、余命2カ月から1年と告知されても、必要以上のショックを受けずに済んだのだと思います。

また、よほどのミスをしない限り、命を脅かされることがない株式投資をすることで損をする恐怖を経験できていたこともあって、心が健康な人々より、死に対する耐性ができていたのかもしれません。

要するに、株式投資をすることで、自分の欲と恐怖をきちんと管理できるようになっていたのです。

私の株式投資の手法や技術では、数億円を一気に稼ぐようなことはできないかもしれません。でも、稼ぎ続けることができるようにはなると考えています。

投資力については、焦らずに、それこそ10年くらいのスパンで、着実に身につけていこうと考えているならば、あなたの思っているとおりになると思います。

生活費を運用で稼げるようになるためには、まずは投資資金を増やさなければなりません。最初から投資でガンガン稼げれば、投資資金はすぐに貯まるかもしれませんが、普通は働いて種銭を作ることになります。

一般には、サラリーマン生活を続けながら資金を作る人が多いと思います。サラリーマンとして会社から奨学金（＝お給料）をもらいつつ、同時にお金を貯め、独立起業時に必要になる仕事の基本やコミュニケーション能力を身につけ、それらを高めるためにはどうすればよいかを考えて実践していく。これが、ベストな生き方だと考えています。

会社を踏み台にして（使い倒して）、仕事の知識も、技術も、コミュニケーション能力も、そしてお金も手に入れたうえで、皆に惜しまれながら（＝良い関係を築いたままで）独立できたら、こんなに素晴らしいことはないと考えています。

『出世しない技術』（扶桑社）という本を見たことがあります。それもひとつの生き方ではあると思います。

しかし、出世したほうが、世の中がよく見えてきますし、コミュニケーション能力などを高めることができますから、出世することも悪くはないと考えています。

繰り返しになりますが、お金を貯めるとともに、独立起業時に必要な仕事の基本やコミュニケーション能力をサラリーマンのうちに身につけ、それらを高めるための努力をしていくことが大切だと感じています。

最初に、「お金に関する投資で失敗したことがない」と書きました。事実、資産運用ではドクターXのように『私、失敗しないので』と言える成果を上げてきました。

がん保険や一般の生命保険も、バランスよく維持してきたので、その点では成功でしたが、肝心要の命を守るという健康投資には、最後の最後で大失敗をしてしまいました。この点さえなければ、「すべての投資で、損をしたことがないと言える」と自分では判断しています。

末期がんを宣告されても、治療で延命できた患者は多いです。これからは良い治療法が、次々に生まれてきます。

ただし、新しい治療には、命を失うリスクもついて回ります。それでも、私は新しい治療にチャレンジしたいと考えています。その資金も作ることもできました。

私は、専業投資家になったとき、『株式投資で人生を変える』ということを心に誓いました。今まで株式市場と付き合ってきた中で、自分の評価にすぎませんが、十分に自分の人生を変えることができたと感じています。

今度の病気のことも、本当に感謝しています。もし交通事故で即死していたら、このようなチャンスもなかったですし、何よりも、妻に多大な精神的苦痛を与えたと思います。

私たち夫婦には子どもがいませんので、数年前からエンディングノートを作って、最後を迎えるときの準備をしてきました。

今回は、このエンディングノートが役に立ちました。ただ、やり残していた事項のほうが、ずっと多いことにも気づいてしまいました。

私はお金ばかりではなく、モノに対する執着も強いです。書斎には、一度は読んでみたものの、その後、一度も開いていない投資の本や小説、コミックなどが山のように積まれていました。

まだ長生きできる可能性も高いので、半分以上残すことにしましたが、その一方で、一気に断捨離して、残りの半分近くはブックオフに引き取ってもらいました。

これから、執着してきたものをひとつずつ捨てていきたいと考え、その計画をスタートさせています。

株式投資に関しても、2018年末には、2017年の楽園相場とはまったく違う〝株価の垂直落下〟を経験しましたが、怖れることはありませんでした。命の危機に晒されているのに、たかが株の暴落で心が委縮することはありません。

正直に言えば、この暴落に参加できたこと、底値買いのチャンスで大型株やインフラ投資法人、物流施設に特化したJリートを買えたことに感謝しています。できるなら、この暴落が反転して上昇に向かい、数年後に大きく日本株が上げていくのを見たいと欲張っています。

資産管理法人を清算するために、この暴落時に株を売り切りましたが、まだ売却益が1100万円以上出てしまいました。これは、長期投資の有効性を証明するのものだと思っています。

だからこそ、株で儲けることにまったく興味がない、株価も見ない、売買のやり方も知ろうと思わない〝最強の長期投資家である妻〟に、「世界で活躍できる世界トップ、世界第2位の大企業の株などに分散投資した株式を相続してもらおう」と考えて準備を始めたのです。

10年後の成長を信じて、どのような企業の株式を買っているかについては、本書でご紹介したとおりです。

何事を成すにも、時間が必要です。天から私のために残していただいた日々を、一日一日、大切に生きながら、このような情報を発信していければと考えて再整理をしています。
これから資産を作ろうとする若い方はもちろん、「作った資産を、どうやって大事な家族に遺すべきか」と悩んでいる高齢者や40代、50代の方にとって、少しはお役に立てたのであれば幸せです。

２０１９年　１月　石川臨太郎

あとがきによせて

僭越ながら書かせていただきます。

石川臨太郎さんとは、２００２年ごろ、億の近道を発行する中で知り合いました。当時、読者のオンライン交流の場がありました。石川臨太郎さんは個人投資家としてしっかりとした目的と目標、そして哲学を持っていらっしゃったので、オンライン交流の場での部門責任者をお願いしたり、勉強会に登壇していただいたりしていました。

２００４年に億の近道出版としてパンローリングから石川臨太郎さんの本『潜在意識を活用した最強の投資術入門』を上梓しました。その後、何冊もの書籍を執筆されました。マンガ化され、世に出ているものもあります。

２００９年に開始した有料メルマガ「生涯パートナー銘柄の研究」では、約10年間、５０９号にわたって毎週毎週、石川臨太郎さんから原稿を受け取り、時には議論しながら配信号を作り上げました。研究銘柄として原稿が完成していながら、配信までのわずかな日数で株価が急騰してしまい、銘柄を差し替えたことが何度もあります。

臨太郎さんは「有料メルマガを執筆するようになってから、書くことによる自分自身への反省をはじめ、分析力や戦略構築、新たな切り口での調査目線など、自分の投資総合力がぐんぐん上昇するのがわかった」とおっしゃってました。

その経験を反映した本書は、サラリーマン時代から資産運用を推進し、専業投資家になってからも順調に資産形成をした〝彼の人生そのもの〟です。

この本の企画は、がん宣告されてから、臨太郎さん本人より提案がありました。

末期がんが分かって病室に彼を見舞ったとき、「普通の人ではできない、多くのコンテンツを世に残すことができる。それらはきっと、さまざまな方へ今後も影響を与えられるかもしれない。子どもがいない私にとって、こんな幸せなことはない。私が生きた証しそのものです」とおっしゃっていたのが印象的です。

「私が今まで実践してきた投資のエッセンスを集約すると同時に、家族へ資産を遺すために私がやったこと、そのノウハウを人生最後にまとめたい」

そんな話を私が受け、同時に臨太郎さん自身も動き、過去何度も出版でお世話になっている磯崎氏にも最大限のご協力をいただき、かなりの速度で作業が進んでいきました。

臨太郎さんも精力的に書き下ろし原稿を重ねました。およそ2カ月の間、原稿と修正のメールだけで80通以上。自身の運命を悟った彼の行動は濃密で、迅速でした。我々もそれに応えるべく、懸命に本の構成作りや校正作業などを行いました。

残念なのは、本書の上梓を待たずして、臨太郎さんが旅立たれてしまったことです。それだけが心残りです。

しかし、「生きた証し」を世の中に残し、投資家に読んでいただけること、そして、この仕事をお手伝いできたことは光栄なことと感じています。この本を、多くの方に手に取っていただきたいと思います。

この本を出版するにあたって、エコノミストの村田雅志氏には多大のご協力をいただきました。原稿の校正や検証のみならず、石川臨太郎応援企画として、有料メルマガの分析「石川臨太郎生涯パートナー銘柄の研究の研究」を書き下ろしてくださいました。この収益は、石川臨太郎応援のために利用させていただきました。誠にありがとうございました。

そして、臨太郎さんががんに冒されたと伝えたとき、開口一番、「すぐお見舞いに行こう！」と、私との松江行きを即断してご一緒していただいたリンクスリサーチの山本潤氏にも感謝申し上げます。

山本氏は、億の近道黎明期から一緒に、個人投資家の金融リテラシー向上を目標に頑張ってきた同志でもあります。彼にはカリスマ的な魅力があります。それに惹きつけられた個人投資家の中に臨太郎さんがいました。いわば、臨太郎さんの本格運用のきっかけともなった人で、私たちと縁を紡いでくれた恩人でもあります。ありがとうございます。

また、この本の企画当初から精力的に動いてくださり、編集作業のすべてを請け負っていただいた磯崎氏に大きな感謝を捧げます。売れっ子編集者で、進行中の大きな出版企画をいくつも抱えながら、可能な限り前倒しで作業を進めていただき、異例の早さで上梓できたと感謝しております。

最後になりますが、「この本が出版されたら、石川臨太郎さんの終の住処だった松江まで赴き、墓前にお供えさせていただく」と残されたご家族に約束しております。

臨太郎さんが天より見守ってくださっていると確信していることに加え、この本を手に取った方へ少しでもエッセンスが伝わり、資産運用のお役に立つことができれば幸福だと感じながら、筆を置きます。

臨太郎さんのご冥福を衷心よりお祈りいたします。

NPO法人イノベーターズ・フォーラム　松田憲明
無料投資情報メールマガジン「億の近道」 okuchika.net
石川臨太郎特設サイト　iforum.jp/rintatou/
村田雅志　Twitter @MurataMasashi

あとがきによせて：生きた証を、心に残していただければ幸いです

石川臨太郎さんと初めて顔を合わせたのは、確か2003年ごろだったと思います。私より年齢が上にもかかわらず、謙虚で、物腰も柔らかくて、「こういう人もいるんだ」と好印象を抱いたことを思い出します。

その後、縁あって、臨太郎さんの本を作ることになりました。まだ編集の仕事を始めたばかりのときで、「いろいろ迷惑を掛けてしまったのではないか」と当時のことを思い浮かべると、背中に嫌な汗を感じます。

マイホームのある松江に臨太郎さんが移られてからは、密に連絡を取り合うことはなかったのですが、2018年末、久しぶりに電話をいただきました。それは、「今まで有料メルマガで書きためた原稿があるので、それをベースにして本を作りたい」という内容でした。「もう本番に近い原稿はあるのですか?」と問いかけると、「実は、末期がんで余命宣告されてしまってあまり時間がないので、書き上がった原稿や素材を一式渡すから何とか形にしてほしい」と告げられました。連絡を受けたときで余命2カ月～6カ月とのことでした。

臨太郎さんが元気なうちに何とか本を届けたいと考え、動き出すことにしたものの、その当時、どうしても3月に出さないといけない案件があったため、その合間での作業にならざるを得ませんでした。臨太郎さんから必要な原稿を送ってもらい、こちらでそれをまとめて構成案（目次）を出したのが1月中旬。臨太郎さんにOKをもらって、作業を少しずつ進め、最優先の案件が終わった後、本格的にこちらの作業に集中し、松田さんや村田さんのご協力を得ながら、4月中旬、初校をメールで送りました。

ところが、いつもレスポンスの早い臨太郎さんから返事の来ることはありませんでした。あとからわかったことですが、初校を出したときにはもう、臨太郎さんは旅立たれていたそうです。

最後にお電話でお話ししたのは2月20日です。「これから本格的に作業を開始します」という話をしたときに「まだ書き足したい原稿があるのですが、間に合いますか？」と聞かれました。「もちろんです、でも、体を最優先にしてください」という会話をして終わりました。

そのときの電話の声に元気がなく、「必要以上に負担を掛けてはいけない」と思い、原稿のことで本当に困ったときにだけ連絡しようと考えました。実際、その後にやりとりすることはなかったので、「（臨太郎さんの）書き足したい原稿が何だったのか」については知る由もありません。

書き足したいことを追加できなかったこと、存命中に本を届けることができなかったことが、本当に悔やまれます。

本書の中で、ストレスを軽減して資産を作るスタイルとして、「サラリーマンを続けながら（もしくは株式投資とは別の財布を持ちながら）株式投資すること」を、臨太郎さんは推奨しています。

「会社生活を早く辞めたいから」という理由で、株式投資をされている人も多いと思います。そういう方にこそ、今一度、臨太郎さんのアドバイスを噛みしめてほしいと思います。なぜなら、株式投資だけで生活するのは、想像以上にストレスも溜まり、一筋縄ではいかないという、自身の経験を通しての教えだと考えているからです。

また、株式投資ですでに資産を築いている方々は、ぜひとも、作り上げた資産を上手に遺す方法についても考えるようにしてください。そのヒントは、臨太郎さんが教えてくれています（ブログなども参考にしてください。ブログについては次ページの著者紹介参照）。

最後になりますが、石川臨太郎さんの「生きた証」として作ったこの本が、少しでも多くの人の手に渡り、良い影響を与えてくれたら、うれしい限りです。

石川臨太郎様に対し、謹んで哀悼の意を表します。

パンローリング編集　磯崎公亜

著者紹介：石川臨太郎

1954年生まれ、2019年没。1985年より株式投資を、1987年よりワンルームマンション投資を始める。仕事のストレスから体調を悪くしたことをきっかけに専業投資家になる。投資法は、中長期目線のバリュー投資。自らのブログを開設し、個人投資家への情報発信も行っている。また、ＮＰＯ法人イノベーターズ・フォーラムにて、『億の近道』という無料メルマガや、『生涯パートナー銘柄の研究』という有料メルマガを執筆する。主な著書に以下のものがある。

『年収300万円の私を月収300万円の私に変えた投資戦略』（パンローリング）
『マンガ　不動産投資入門の入門』（パンローリング）
『副業はサラリーマン』（東洋経済新報社）

◆ブログ
減らないお財布を持ってフィナンシャル・インディペンデンスをめざす仲間のコミュニティー
https://plaza.rakuten.co.jp/lucky7lucky/

2019年8月3日　第1刷発行

現代の錬金術師シリーズ ⑮③

資産を作るための株式投資
資産を遺《のこ》すための株式投資

――余命宣告を受けた「バリュー投資家」の人生最後の教え

著　者　　石川臨太郎
発行者　　後藤康徳
発行所　　パンローリング株式会社
〒160-0023　東京都新宿区西新宿7-9-18-6F
TEL 03-5386-7391　FAX 03-5386-7393
http://www.panrolling.com
E-mail　info@panrolling.com
装　丁　　パンローリング装丁室
組　版　　パンローリング制作室
印刷・製本　株式会社シナノ

ISBN978-4-7759-9167-1

好評発売中

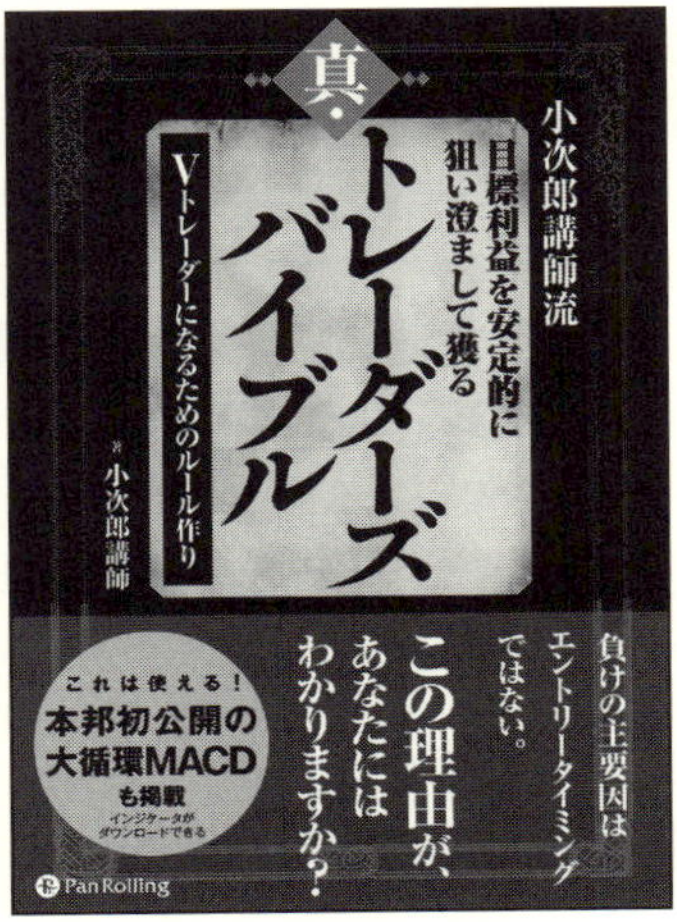

小次郎講師流 目標利益を安定的に狙い澄まして獲る
真・トレーダーズバイブル

小次郎講師【著】

定価 本体2,800円+税　ISBN:9784775991435

エントリー手法は、資金管理とリスク管理とセットになって、はじめてその効果を発揮する。

本書では、伝説のトレーダー集団「タートルズ」のトレードのやり方から、適切なポジション量を導き出す資金管理のやり方と、適切なロスカットをはじき出すリスク管理のやり方を紹介しています。どんなに優れたエントリー手法があったとしても、資金管理（適切なポジション量）とリスク管理（どこまでリスクを許容すべきか）が構築されていないと、その効果を十分に発揮できないからです。「破産しないこと」を前提に、安定的に、目標利益を狙い澄まして獲れるトレーダーのことを、本書ではVトレーダーと呼んでいます。Vトレーダーになるために、何をすべきか。その答えを本書の中で明かしています。

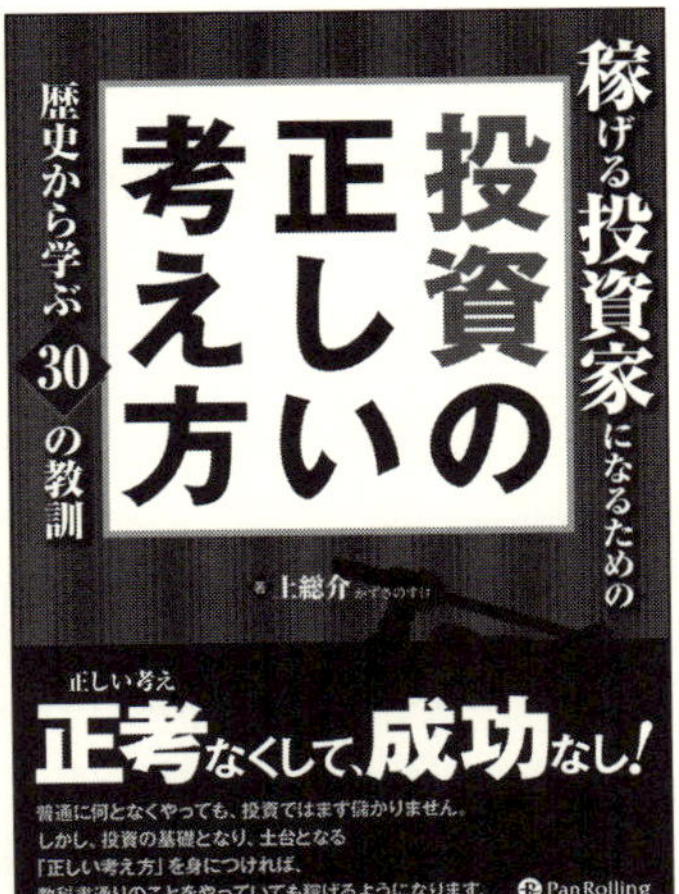

稼げる投資家になるための
投資の正しい考え方

上総介（かずさのすけ）【著】

定価 本体1,500円+税　ISBN:9784775991237

投資で真に大切なものとは？
手法なのか？ 資金管理なのか？ それとも……

投資の基本原則とは何か。陥りやすい失敗とは何か。攻撃するときの考え方とは何かなど、本書では、全6章30話からなる投資の正しい考え方を紹介しています。その際、歴史の面からの事例も紹介しています。これは「真の理解をするためには歴史の事象を学ぶことが最適である」という著者の持論によるものです。何事も、土台がしっかりしていなければ、いくら上物を豪華にしても、長くは保ちません。あせらず、ゆっくり、投資の基礎を固めることから始めてみてはどうでしょうか。「正しい考え方」が身につけば、特殊な投資テクニックなどがなくても、投資の基本を忠実に行うことで稼げるようになっていきます。

ウィザードブックシリーズ 220

バリュー投資アイデアマニュアル
得意分野を見極めるための戦略の宝庫

ジョン・ミハルジェビック【著】

定価 本体2,800円+税　ISBN:9784775971888

「あなたの性格に合ったバリュー投資法」を探せ！ プチバフェットになるための金鉱を掘り当てる！

本書は、この素晴らしいニュースレターをすべての投資家が体験できる機会であり、バリュー投資の最高のアイデアを探し、分析し、導入するための実績ある枠組みを提供している。100人以上のトップファンドマネジャーのインタビューに基づいた本書は、知恵の宝庫であり、ウォーレン・バフェット、グレン・グリーンバーグ、ジョエル・グリーンブラットといったスーパーバリュー投資家の思考の過程も垣間見ることができる。

本書のテーマである素晴らしいアイデアは、投資の活力の元である。これを読んで、利益につながる新しい独自のバリュー投資のアイデアを生み出す方法を学んでほしい。

ウィザードブックシリーズ 247

ハーバード流ケースメソッドで学ぶ
バリュー投資

エドガー・ヴァヘンハイム三世【著】

定価 本体3,800円+税　ISBN:9784775972182

バフェットに並ぶ巨人（ウォール街最高の知恵）の手法が明らかに！ 成功するための戦略と分析と決断と感情

バリュー投資の巨人が、資金を守り、そして増やすために、実際の現場で用いられた投資手法や投資戦略を直接伝授してくれる。バリュー投資家として成功するために、筆者が実際に用いる25の戦略と回避すべき落とし穴とが明らかにされている。本書でつづられている一連の知恵を目の当たりにすれば、経験豊富な投資家が日ごろ取り組んでいることが明らかとなるし、それは読者自身の投資戦略を改善させることになるであろう。